Göran Askeljung
BrainRead

Göran Askeljung

BrainRead

Effizienter lesen – mehr behalten.
Lesen wie die Schweden

gemeinsam mit Daniela Pucher

2. Auflage

Bibliografische Information der Deutschen Nationalbibliothek

Die Deutsche Nationalbibliothek verzeichnet diese Publikation in der Deutschen National-
bibliografie; detaillierte bibliografische Daten sind im Internet über http://dnb.d-nb.de abrufbar.

Wenn aus Gründen der leichteren Lesbarkeit auf eine geschlechtsspezifische Differenzierung
verzichtet wird, gelten entsprechende Begriffe im Sinne der Gleichbehandlung
für alle Geschlechter.

ISBN 978-3-7093-0714-4
ISBN 978-3-7094-1353-1 (E-Book-PDF)
ISBN 978-3-7094-1354-8 (E-Book-ePub)

Es wird darauf verwiesen, dass alle Angaben in diesem Werk trotz sorgfältiger Bearbeitung
ohne Gewähr erfolgen und eine Haftung des Autors oder des Verlages ausgeschlossen ist.

Umschlag: buero8 + Linde Verlag
© LINDE VERLAG Ges.m.b.H., Wien 2024
1210 Wien, Scheydgasse 24, Tel.: 01/24 630
www.lindeverlag.at

Satz: psb, Berlin
Druck und Bindung: Prime Rate Zrt.,
H-1044 Budapest, Megyeri út 53

Für meinen Vater Urban Fredrik Askeljung (1939–2012)

Ihr persönlicher Code zur optimalen Leseleistung:
BR193s51k

Inhalt

Einleitung 9

Kapitel 1: Wie schnell lesen Sie? 13
Der Unterschied zwischen schnell und effizient 16
Ihre aktuelle effektive Leserate 17
Sie haben auf jeden Fall Potenzial! 26
Ihr Lernprogramm: Nicht nur darüber lesen, sondern auch tun! 27

**Kapitel 2: Abenteuer im Kopf – Wie wir verstehen,
was wir lesen** 29
Buchstaben, Wörter, Sinngebilde – so haben wir lesen gelernt ... 31
Datenautobahn zwischen Auge und Gehirn 32

Kapitel 3: Lesen wie die Schweden 49
Wickie und die Leselust 51
Erlesene Forschungsergebnisse 53

Kapitel 4: Nordic Reading Schritt für Schritt 69
Bringen Sie Ihre innere Stimme zum Schweigen 70
Verzichten Sie mutig auf Rückversicherungen 78
Bringen Sie Ihr Gehirn zum Schwitzen 81
Glauben Sie an die Kraft Ihres Gehirns 92
Fassen Sie Wortgruppen ins Auge 94
Nutzen Sie jede Hilfe, die Sie kriegen können 96

Kapitel 5: Strategien zum schnellen Leseerfolg 117
Der Kompass: Fragen vor dem Lesen 118
Ihre Gangschaltung: Lesen vor dem Lesen 123
Das A und O: Vorausschauend lesen 138
Die Trichtermethode für große Textvolumen 150

Inhalt

Kapitel 6: Besser lernen durch effizientes Lesen 163

Unser Gehirn nimmt uns viel Arbeit ab 165

So erhöhen wir unsere Merkfähigkeit 167

Vom Lesen zum Lernen: Die Vergessenskurve von Ebbinghaus . 170

Lerntipps, lesetechnisch betrachtet 173

Kapitel 7: Schnellesen im KI-Zeitalter 187

Der Einsatz von KI beim Schreiben und Prüfen von Texten:

Wenn Maschinen denken lernen (und was das für uns bedeutet) 191

Kognitives Leseverständnis und vertiefendes Lesen 193

Danksagung 197

Anmerkungen 199

Einleitung

Es ist Freitagnachmittag, Sie sitzen noch an Ihrem Schreibtisch und bearbeiten die letzten Mails dieser Woche. Ihre Vorgesetzte hat Ihnen eine Nachricht geschickt mit dem Protokoll der letzten Sitzung, und als Sie das Attachment öffnen, müssen Sie tief seufzen. Zehn Seiten DIN A4 über alles, was das Management derzeit bewegt, und noch viel mehr. Während Sie die ersten Zeilen lesen, ärgern Sie sich über die sperrigen Sätze und denken sehnsüchtig an Ihr Wochenende, das Sie mit Freunden beim Surfen am See verbringen wollen. Hoffentlich wird das Wetter schön …

Hoppla, was war das noch gleich, das Sie eben gelesen haben? Sie waren mit Ihren Gedanken ja ganz wo anders! Also nochmal diesen Absatz, in dem es offensichtlich um die Eröffnung einer neuen Filiale geht. Die Geschäfte in Übersee scheinen gut zu laufen, wie es scheint. Die Firma plant eine Expansion nach Brasilien. Das wäre mal ein Land, in das Sie sich gerne für eine Zeitlang versetzen lassen würden. Tagsüber die Filiale aufbauen, am Abend noch ein wenig an den Strand zum Surfen. Apropos Surfen, Sonnencreme sollten Sie noch einpacken fürs Wochenende …

Und schon wieder sind Sie mit Ihren Gedanken abgedriftet. Unkonzentriert bin ich, denken Sie sich, ob das etwas mit meinem fortschreitenden Alter zu tun hat? Vielleicht sollten Sie Gedächtnistraining gegen beginnende Verkalkung machen. Denn es passiert Ihnen ja oft, dass Sie etwas lesen und am Ende des Absatzes nicht wissen, worum es gerade ging. Auf diese Weise lesen Sie Wörter, Sätze, Absätze nicht nur einmal, sondern öfter. Und Sie vergeuden damit ziemlich viel Zeit!

4,7 Stunden täglich verbringen Angestellte, Manager und Selbstständige im Schnitt mit Lesen am Arbeitsplatz: E-Mails, Berichte, Protokolle, Gutachten, Werbesendungen, Informationen im Internet, Produktbeschreibungen, Präsentationsunterlagen, Projektdokumentationen, Zeitungsartikel, Sachbücher und vieles mehr. Das besagt eine aktuelle Studie der *Association for Better Reading*[1] aus dem Jahr 2012, bei der das Lesevolumen in Schweden, Großbritannien und Österreich unter die Lupe genommen wurde. Noch zehn Jahre früher waren es etwa zwei Stunden, wie aus einer OECD-Studie[2] aus 2002 hervorgeht. 4,7 Stunden, das sind durchschnittlich 23,5 Stunden in der Woche, knapp 1100 Stunden im Jahr, wenn man Urlaube und Krankenstandstage abzieht. Das sind knapp 140 Arbeitstage oder sechs Monate, die Sie ausschließlich lesend verbringen. Im Hinblick auf die Entwicklung unserer Wissens- und Informationsgesellschaft wird das bestimmt nicht weniger werden. Eher mehr.

Als ich diese Worte für die erste Auflage des Buches 2013 schrieb, befand sich die Künstliche Intelligenz (KI) noch auf einer gänzlich anderen Entwicklungsstufe. In den letzten elf Jahren ist auf diesem Sektor viel passiert, KI-Tools wie Chat-GTP sind zu täglichen Begleitern in der Arbeitswelt geworden, was Herausforderungen mit sich bringt und neue Kompetenzen erfordert. Was sich durch diese Entwicklungen außerdem gezeigt hat: Es ist noch wichtiger geworden, Schnelllesetechniken zu beherrschen, wie einige zwischenzeitlich erschienene Studien belegen:

Unternehmen, die Schnellleseschulungen anbieten, erleben eine Produktivitätssteigerung von bis zu 25 Prozent (McNamara et al., 2021). Eine Studie von Rayner et al. (2016) zeigt, dass Schnellleser nicht nur schneller, sondern auch mit einem größeren kognitiven Verständnis arbeiten, was zu besseren und schnelleren Entscheidungen führt. Die American Management Association fand heraus, dass Teams, die Schnelllesetechniken anwenden, in der Lage sind, ihre Effizienz um bis zu 30 Prozent zu steigern, indem sie schneller auf Informationen zugreifen und fundiertere Entscheidungen treffen (AMA, 2020).

Im heutigen KI-Zeitalter, wo wir mittels Eingabeaufforderungen (Engl. „Prompt-Engineering" oder „Prompting") Resultate generieren, ist es wichtig, diese Resultate zu lesen und zu überprüfen. Die erwähnten Studien belegen alle, wie wichtig gute Schnelllesetechniken dabei sind.

Also, es wird höchste Zeit, dass wir uns einer Kompetenz annehmen, die wir schon in der Volksschule gelernt haben: Lesen. Lächerlich, höre ich Sie sagen, ich kann doch lesen, also wirklich! Schon gut, schon gut. Sie haben natürlich recht. Doch Sie lesen nicht so, wie Sie lesen könnten, würden Sie das Potenzial Ihres Gehirns und Ihrer Augen voll ausschöpfen! Sie lesen – gestatten Sie, dass ich Ihnen nun etwas unterstelle – wie ein Vierzehnjähriger, und das, obwohl Sie dreißig, vierzig, fünfzig oder sechzig Jahre alt sind. Tatsächlich ist Lesen eine der wenigen Basiskompetenzen, die wir ab der Pflichtschule nicht mehr weiterentwickeln. Sagen Sie mir: Fahren Sie heute noch so ungeschickt mit dem Auto wie damals, als Sie es gerade gelernt haben? Oder fahren Sie auch heute noch mit einem Dreirad durch die Gegend, weil Sie das Gleichgewicht nicht halten können? Ich wette, dass Sie mittlerweile auf ein richtiges Zweirad für Erwachsene umgestiegen sind. Vielleicht haben Sie Ihr Können sogar so weit ausgebaut, dass Sie mit dem Mountainbike die Berge hinauf und hinunter radeln. Möglicherweise haben Sie sogar schon bei einem Straßenrennen mitgemacht und einen Preis gewonnen!

Warum also nicht auch Ihre Lesekompetenz perfektionieren? Stellen Sie sich vor, Sie könnten doppelt so schnell lesen wie jetzt. Sie könnten jeden Tag zwei Stunden früher Büroschluss machen. Oder wenn das Ihre Chefin nicht zulässt, so könnten Sie in der gewonnenen Zeit zumindest Sinnvolleres tun, als jeden zweiten Satz doppelt zu lesen, weil Sie „unkonzentriert" sind, wie Sie glauben.

Ich habe ein paar gute Nachrichten für Sie:

→ Es liegt nicht an beginnender Verkalkung, wenn Sie beim Lesen unkonzentriert sind. Denn das passiert einer 20-Jährigen genauso.

→ Ihr Gehirn vermag beim Lesen sehr viel mehr zu leisten, als Sie ihm zutrauen.

→ Sie können Ihre Lesegeschwindigkeit locker verdoppeln – mit diesem Buch.

→ Die große Überraschung: Je schneller Sie lesen, desto mehr verstehen Sie auch vom Text.

Sie sind skeptisch? Das ist gut so. Ich mag Menschen, die ihr Gehirn einschalten. Denn solche Menschen können nämlich ganz besonders leicht schneller lesen lernen. Lassen Sie sich auf den nächsten Seiten von mir überzeugen.

Ich wünsche Ihnen viel Vergnügen bei dieser Lektüre!

Göran Askeljung

Kapitel 1

Wie schnell lesen Sie?

Sie erfahren, was „schnell" lesen überhaupt bedeutet. Sie erhalten einen Einblick in Lesetests und ihre Aussagekraft und erfahren, was Words per Minute und die Effective Reading Rate bedeuten, mit denen man die Effektivität des Lesens misst. Zur Standortbestimmung lade ich Sie ein, einen Lesetest zu machen.

Spätestens seit PISA wissen wir: Im deutschsprachigen Raum sind wir bestenfalls Durchschnitt, was die Lesekompetenz anlangt. Deutschland rangiert im Mittelfeld, Österreich gehört gar zu den Schlusslichtern der teilnehmenden Staaten. Gut und vor allem sinnerfassend zu lesen scheint für Jugendliche ein Problem zu sein. Wenn man sich jedoch ansieht, wie Erwachsene lesen, stellt man fest: Erwachsene lesen meist noch genauso, wie sie als Vierzehnjährige gelesen haben, also nicht wesentlich besser. Sie brauchen bei vielen Texten viel zu lange, bis sie das Wesentliche erfasst haben, um damit weiterzuarbeiten.

Mit mäßigen Leseleistungen ist man beruflich benachteiligt. Eine Studie der OECD[3] belegt eindeutig einen Zusammenhang zwischen Lesefähigkeit und Jobaussichten, Einkommen, Gesundheit und sogar Lebenserwartung. Je höher die Lesekompetenz, desto besser sind Karrierechancen und Lebensstandard. Das klingt im ersten Moment vielleicht übertrieben. Doch nehmen wir den Extremfall: Stellen Sie sich vor, Sie könnten überhaupt nicht lesen. Sie könnten keine Gesetze lesen, keine Prozessanleitungen, würden Ihre Stellenbeschreibung nicht verstehen, müssten unter Verträge auf guten Glauben hin Ihre Unterschrift setzen. Sie könnten sich also in weiten Bereichen Ihres Lebens ohne intensive fremde Hilfe nicht zurechtfinden. Könnten Sie umgekehrt nicht nur mäßig gut, sondern sehr effizient lesen, so könnten Sie sich umso rascher zurechtfinden. Sie wären mit vielem schneller fertig, würden Informationen viel effizienter und sinnerfassender aufnehmen können und wären damit insgesamt in Ihrem Beruf erfolgreicher.

Weltweit gibt es 775 Millionen Analphabeten – und glauben Sie nicht, dass Sie die nur in Entwicklungsländern finden: Jeder fünfte Europäer kann entweder gar nicht lesen oder hat ernste Schwierigkeiten damit.[4] Das, so folgern die Experten messerscharf, führe zu weniger Wirtschaftswachstum, das wir dringend bräuchten, um aus der Rezession herauszufinden. Doch schlecht ausgebildete Schulabsolventen haben schlechtere Jobaussichten, und das wirkt sich nicht nur auf die Betroffenen aus, sondern auch auf die Wirtschaftsleistung eines Landes insgesamt.

Noch in den 1970er Jahren glaubte man, das geschriebene Wort würde durch mündliche und visuelle Kanäle wie Fernsehen, Radio oder Telefon verdrängt werden. Das Gegenteil ist heute der Fall: Mit der Entwicklung der

Informationstechnologie hat die schriftliche Kommunikation an Bedeutung gewonnen. In der Geschichte der Menschheit haben wir noch nie so viel geschrieben und gelesen wie heute! Daher: Je besser wir lesen können, desto leichter haben wir Zugang zu Informationen, desto schneller können wir Neues lernen, also jene Ressource auf- und ausbauen, die für die meisten Berufe zentral ist: Wissen.

Ja, wir sprechen heutzutage viel von Wissen, der Wissensgesellschaft und von Wissensarbeitern – das sind Menschen unterschiedlicher Berufe und Branchen, die jedoch eine Eigenschaft vereint: Sie verknüpfen täglich Informationen, Ideen und Know-how mit dem Ziel, zum Unternehmenserfolg beizutragen. Man schätzt den Anteil an Wissensarbeitern auf über 40 Prozent der Beschäftigten. Diese Menschen – zu denen Sie vermutlich ebenso gehören – haben täglich viel zu lesen, nicht nur, um sich Wissen anzueignen, sondern auch, um es weiterzugeben oder um damit wichtige Entscheidungen zu treffen.

In jedem Fall ist die Notwendigkeit, schneller zu lesen, spätestens dann evident, wenn Sie einen Blick auf Ihren Schreibtisch und in Ihren Computer werfen. Wir werden täglich von einer Flut an Informationen heimgesucht und haben Mühe, das Wichtige vom Unwichtigen zu trennen und erst recht alle Informationen auch zu verarbeiten. In einer Studie von Reuters[5] im Jahr 1998 wurden 1300 Manager aus UK, USA, Hong Kong und Singapur über die Bedeutung von Informationen für ihren Job befragt sowie über ihre Schwierigkeiten bei der Informationsgewinnung. Zwei Drittel der Befragten gaben an, dass sie für Entscheidungen große Mengen an Informationen zu verarbeiten hätten. Das ist soweit nichts Neues.

Überraschend war jedoch, dass die Hälfte der Befragten angab, die Informationsmenge häufig nicht bewältigen zu können. Auch andere Studien kommen zu ähnlichen Ergebnissen. So stellte Neville Meyers von der Queensland University of Technology in Brisbane[6] bei einer Umfrage im Jahr 2003 fest: Mehr als 50 Prozent der australischen Manager gaben an, nicht imstande zu sein, die Informationen zu verarbeiten, mit denen sie täglich umgehen müssten. Ein Drittel betrachtete sich sogar als „Opfer der Informations-Ohnmacht". Es gibt leider keine aktuelleren Studien, die sich ausführlich mit dieser Thematik befassen. Doch wir dürfen davon ausgehen, dass die Situation nicht besser geworden ist.

Kurz gesagt: Es stresst uns, so viel lesen zu müssen, weil wir nicht die Zeit dafür haben. Wir verlieren uns im Überangebot an Informationen. Wir lesen und müssen nochmal lesen, weil wir den Inhalt schlecht erfassen. Die einzig sinnvolle Lösung ist, schneller zu werden, mehr zu behalten und gleichzeitig Werkzeuge parat zu haben, mit denen wir Informationen selektieren. Genau das ist das Ziel des vorliegenden Buchs: Ihre Lesegeschwindigkeit zu erhöhen, Ihre Verständnisrate zu steigern und Ihnen Strategien anzubieten, mit denen Sie je nach Ziel einmal gründlicher lesen und ein anderes Mal den Text nur grob überfliegen, um sich ein paar Rosinen herauszupicken, die Ihnen besonders gut schmecken.

Der Unterschied zwischen schnell und effizient

Was schätzen Sie, wie schnell Sie lesen? Haben Sie eine Idee? Wenn ich in meinen Seminaren diese Frage stelle, höre ich meistens: „Viel zu langsam." Doch wie viel ist „zu langsam"? Fünf Kilometer pro Stunde?

Die Lesegeschwindigkeit wird natürlich nicht in Kilometern pro Stunde gemessen, sondern in Wörtern pro Minute. Ein durchschnittlicher Erwachsener hat eine Lesegeschwindigkeit von 200 bis 300 Wörtern pro Minute – der Europa-Durchschnitt liegt bei 220 Wörtern pro Minute. Das ist in etwa genauso schnell, wie wir sprechen.

Wenn wir nun schneller lesen, muss das nicht automatisch effizienter sein. Welchen Nutzen hätten Sie denn, wenn Sie über die Zeilen fliegen und dabei den Sinn des Textes nicht verstehen? Schließlich ist das der Grund, warum Sie lesen: Sie wollen etwas erfahren. Im Beruf brauchen Sie Informationen, um sie weiterzuverarbeiten, bei einem Roman wollen Sie die Geschichte verstehen, damit Sie eintauchen können in diese andere Welt.

Daher misst man die Lesekompetenz nicht nur in Wörtern pro Minute, sondern man prüft auch, inwiefern man den Text verstanden hat. Zu diesem Zweck wurden spezielle Lesetests[7] entwickelt. Dabei liest man zunächst einen Text und soll anschließend Verständnisfragen beantworten. Auf die Art werden die Wörter pro Minute gemessen und entsprechend den Antworten auch der Grad des Verständnisses. Multipliziert man die beiden Zahlen, ergibt das die effektive Leserate – auf Englisch: *Effective Reading Rate*. Wenn Sie also eine Geschwindigkeit von 200 Wörtern pro Minute haben und 60 Prozent verstanden haben, haben Sie eine effektive Leserate von 120. Das ist nicht besonders viel – und dennoch sind Sie dabei im europäischen Mittel.

Wie gesagt: Nur schnell zu lesen, das bringt uns nicht weiter. Nehmen wir an, Sie lesen mit einer Geschwindigkeit von 400 Wörtern pro Minute und haben aber nur 30 Prozent verstanden. Dann waren Sie zwar schnell am Ende des Textes, doch verstanden haben Sie nicht viel. Die effektive Leserate ergibt dann ebenfalls nur 120, und das ist unbefriedigend. Unser Ziel muss also sein, dass wir die Lesegeschwindigkeit erhöhen und gleichzeitig auch die Verständnisrate verbessern. Wenn Sie es nämlich schaffen, 400 Wörter in der Minute zu lesen und dabei zum Beispiel 90 Prozent zu verstehen, erreichen Sie eine effektive Leserate von 360 – also den dreifachen Wert!

Ihre aktuelle effektive Leserate

Nun wollen wir mal sehen, wie es um Ihre effektive Leserate bestellt ist. Dafür habe ich einen Test für Sie zusammengestellt, der aus einem etwa 1000 Wörter langen Text und zehn Fragen besteht. Für den Lesetest benötigen Sie eine Stoppuhr und einen bequemen Platz, an dem Sie gut lesen können.

Sie werden nun als Erstes den Text lesen und die Zeit stoppen. Im Anschluss an den Text habe ich eine Umrechnungstabelle für Sie bereitgestellt, mit der Sie ohne viel Rechnerei Ihre Lesegeschwindigkeit in Wörtern pro Minute ablesen können.

Anschließend beantworten Sie zehn Fragen, um zu sehen, wie gut Sie das Gelesene verstanden haben. Zu jeder Frage sind vier Antworten vorgeschlagen, nur eine davon ist richtig. Bitte lesen Sie auf keinen Fall nach, sondern antworten Sie zügig aus Ihrem Gedächtnis heraus. Kreuzen Sie die jeweilige Antwort a, b, c oder d an.

Zuletzt errechnen Sie Ihr Ergebnis: Wie viele Fragen haben Sie richtig? Wenn Sie nun die Anzahl der Wörter pro Minute mit der Verständnisrate multiplizieren, erhalten Sie Ihre effektive Leserate.

Bitte halten Sie sich beim Test an die Abfolge:

→ den Text lesen
→ Lesegeschwindigkeit aus der Tabelle ablesen
→ Fragen beantworten
→ Verständnisrate und effektive Leserate errechnen

Was Sie nicht tun sollten: zuerst die Fragen lesen und dann erst den Text. Denn damit verfälschen Sie das Ergebnis. Den Text zwei Mal zu lesen und erst beim zweiten Mal mitzustoppen oder erst dann die Fragen zu beantworten führt ebenso am Ziel vorbei.

• •

SEIEN SIE ENTSPANNT BEIM LESETEST

Die meisten meiner Teilnehmer im BrainRead®-Seminar bekommen Stress beim ersten Lesetest. Sie wollen bestmöglich abschneiden oder denken bei „Test" ganz automatisch an Wettbewerb und einen Platz am Siegerpodest.

Hier werden Sie jedoch weder benotet noch müssen Sie eine Goldmedaille gewinnen. Das wäre auch wenig sinnvoll. Sie haben die Geschwindigkeit, die Sie nun mal zurzeit haben. Es geht einzig darum, dass Sie Ihr persönliches Ergebnis mit Hilfe des Buches verbessern.

Also entspannen Sie sich, lesen Sie gemütlich und akzeptieren Sie das Ergebnis, wie es kommt.

• •

Lesetest 1

Nun haben Sie alle Informationen und sind für den ersten Lesetest bestens gerüstet. Haben Sie Stoppuhr und Stift bereit? Dann kann es losgehen.

[Textanfang]

Textqualität beeinflusst unser Leserverhalten

Manchmal haben wir Glück: Wir schlagen die erste Seite eines Wirtschaftsratgebers auf und beginnen zu lesen. Wir können kaum aufhören, weil wir schon im ersten Absatz in den Inhalt hineingezogen werden, nachvollziehen können, was da steht. Wir wollen unbedingt wissen, was uns die Autorin als Nächstes präsentiert. Manchmal haben wir auch weniger Glück. Wir lesen den Anfang eines Sachbuchs, doch wir kommen nicht in die Gänge. Wir lesen den ersten Absatz noch einmal, weil wir nicht sicher sind, ob wir nicht vielleicht bloß überlesen haben, was uns in den Bann ziehen, was unsere Leselust entfachen hätte können. Ähnlich geht es uns tagtäglich mit Fachbeiträgen, Berichten, Gutachten von Kollegen. Manche lesen wir gerne, sie wecken unser Interesse. Andere wiederum nicht, obwohl der Inhalt uns interessieren muss, schließlich brauchen wir die Information für unsere Arbeit.

Woran liegt es bloß, dass sich manche Texte so widerspenstig zeigen, während andere so gefällig dahinfließen? Diese Fragen haben sich schon vor einigen Jahrzehnten Forscher gestellt. Ihre Studien sollten vor allem dem Zweck dienen, den Schreibern Werkzeuge an die Hand zu geben, um gut lesbare, verständliche und aussagekräftige Texte zu generieren.

Ihre Wurzeln hat die Professionalisierung des Schreibens in den USA. Dort wurden schon in den 20er Jahren des vorigen Jahrhunderts an den Universitäten Schreibkurse abgehalten – in einer Zeit, in der man in Europa immer noch dachte, die Fähigkeit, gut zu schreiben, wäre ausschließlich eine Sache des Talents: entweder man hat es oder man hat es nicht. Es dauerte eine Weile, bis die Schreib- und Leseforschung den Weg über den Atlantik zu uns fand. Doch in den 90er Jahren gab es schließlich auch im deutschsprachigen Raum erste Forscher, etwa Lutz von Werder, Otto Kruse oder Gabriela Ruhmann, um nur einige zu nennen. Auch eine Forschergruppe rund um den Kommunikationsexperten Friedemann Schulz von Thun begann in diese Richtung zu forschen.

Mittlerweile können Schreibwillige auf mehrere Modelle zurückgreifen, die definieren, worauf es bei gut lesbaren Texten ankommt. Doch wirklich durchgesetzt scheinen sich nur zwei zu haben: Der *Clarity Index* (CI) und das *Hamburger Verständlichkeitsmodell*.

Der *CI* wurde bereits in den 80er Jahren des vorigen Jahrhunderts vom amerikanischen Militär entwickelt. Das Management erkannte, dass eine einigermaßen gleich effektive Kommunikation innerhalb der Organisation schwierig war. Denn ihre Akteure waren hinsichtlich sozialer Herkunft, Bildung und Intelligenz sehr unterschiedlich. Zu hochgestochenes Vokabular oder zu komplizierte Sätze wurden von vielen nicht verstanden. Im Krieg, wo Sekunden über Leben und Tod entscheiden, ist es ein untragbarer Zustand, wenn Soldaten ihre Anweisungen nicht schnell genug erfassen können. Das Militär entwickelte also ein Konzept, mit dem das Personal geschult werden konnte, klar und verständlich zu schreiben – und nicht zuletzt auch zu sprechen.

Eines der wesentlichen Elemente dieses Konzepts war der *CI*, mit dem man jeglichen Text auf seine Verständlichkeit hin messen kann. Dazu werden zwei Faktoren herangezogen: der Anteil der Wörter, die länger als drei Silben sind, und die durchschnittliche Anzahl der Wörter pro Satz. Beide Faktoren sollten 15 nicht überschreiten, sodass die Addition beider Größen einen Index von etwa 30 ergibt. Hat ein Text einen Index über 40, ist er für die meisten Menschen zu anspruchsvoll zu lesen. Liegt der Index unter 20, ist er sehr einfach.

Das *Hamburger Verständlichkeitsmodell* hingegen ist keines, das eine Messzahl für die Klarheit eines Textes anbietet. Dafür zeigt es ein erweitertes Bild von den relevanten Merkmalen, die ein Text haben sollte, um gut verstanden zu werden. Das Modell fixiert die Lesbarkeit anhand von vier Kriterien, die eingeschätzt werden: Einfachheit, Gliederung und Ordnung, Kürze und Prägnanz, anregende Zusätze. Ein Text ist einfach, wenn er aus kurzen oder zumindest gut strukturierten Sätzen besteht und allgemein bekannte Wörter verwendet. Er ist gut gegliedert, wenn der Text einen klar erkennbaren roten Faden hat und den Leser mit Überschriften und sinnvoll gesetzten Absätzen durch den Inhalt führt. Kürze und Prägnanz werden je nach Vollständigkeit und vorhandener Redundanzen bewertet, ob die Autorin ausschweift oder knapp am Thema bleibt. Mit anregenden Zusätzen schließlich ist die Nähe zum Leser gemeint, die durch persönliche Ansprache, Bezug auf die Welt des Lesers oder auch durch Bilder erzeugt wird.

Beide Modelle werden unter anderem im Journalismus angewandt, um das Sprachniveau der Zeitung oder des Magazins an die Zielgruppe anzupassen. Sie peilen einen CI von 30 an, und es ist erstaunlich, wie konsequent sie ihn beibehalten. Darüber hinaus berücksichtigen sie den aktiven Wortschatz ihrer Leser. Das ist jener Teil Ihres Vokabulars, den Sie beim Sprechen verwenden –

im Gegensatz zum passiven Wortschatz, der das gesamte bekannte Vokabular umfasst, also sowohl jene Wörter, die Sie aktiv verwenden, als auch jene, die Sie nur beim Lesen oder Zuhören verstehen. Der durchschnittliche Deutsche oder Österreicher mit Matura hat einen aktiven Wortschatz von etwa 5000 Wörtern, Menschen mit geringerer Schulbildung weniger, etwa 800 bis 1000 Wörter. Die deutsche Bild-Zeitung etwa oder die österreichische Kronenzeitung begnügen sich ganz bewusst mit einem Wortschatz von 800 – vielleicht sind sie gerade deshalb so weit verbreitet und auflagenstark. Anspruchsvollere Zeitungen wie die Frankfurter Allgemeine oder Die Presse bedienen sich eines Wortschatzes von etwa 2000, sie wollen schließlich auch eher die obere Bildungsschicht ansprechen.

Selbstverständlich verwenden Zeitungen auch Überschriften und Zwischenüberschriften und sorgen für eine gute Struktur durch klare Absätze. Je weniger anspruchsvoll das Publikum ist, desto kürzer fallen Artikel aus und desto mehr Strukturelemente werden verwendet. Ähnliches gilt auch für Sachbücher: Info-Kästen, Abbildungen, Checklisten und Marginalien machen ein Buch gefällig und laden zum Lesen ein. Je übersichtlicher und logischer der Inhalt strukturiert ist, desto leichter ist er für die Leserin erfassbar. Und wie Journalisten achten auch gute Autoren darauf, eine Sprache zu finden, die dem Publikum angenehm ist, sodass das Buch insgesamt möglichst verständlich ist.

Lesetests unterliegen ebenfalls bestimmten Kriterien, damit sie seriös und vergleichbar sind. Allerdings hält sich nicht jeder Schnelllese-Trainer daran. Die in diesem Buch verwendeten Lesetests sind nach den gängigen Standards gestaltet, sie orientieren sich an einem Wortschatz von ungefähr 2000 und einem CI von etwa 30. Die Vergleichbarkeit der Tests unterschiedlicher Anbieter ist dennoch mit Vorsicht zu betrachten, weil auch die Qualität der Verständnisfragen das Ergebnis der effektiven Leserate beeinflusst: Je weniger Fragen gestellt werden und je einfacher die Fragen sind, desto höher fällt die Verständnisrate aus. Dennoch sind Lesetests eine unerlässliche Hilfestellung, um den Lerneffekt darzustellen.

[Ende des Textes]

Stoppen Sie nun Ihre Uhr und notieren Sie Ihre Lesegeschwindigkeit mithilfe dieser Tabelle:

0–1 min	WpM	1–2 min	WpM	2–3 min	WpM	3–4 min	WpM
		01:05	941	02:05	489	03:05	330
		01:10	873	02:10	470	03:10	322
		01:15	815	02:15	453	03:15	314
		01:20	764	02:20	437	03:20	306
		01:25	719	02:25	422	03:25	298
00:30	2038	01:30	679	02:30	408	03:30	291
00:35	1747	01:35	644	02:35	394	03:35	284
00:40	1529	01:40	611	02:40	382	03:40	278
00:45	1359	01:45	582	02:45	371	03:45	272
00:50	1223	01:50	556	02:50	360	03:50	266
00:55	1112	01:55	532	02:55	349	03:55	260
01:00	1019	02:00	509	03:00	340	04:00	255

4–5 min	WpM	5–6 min	WpM	6–7 min	WpM	7–8 min	WpM
04:05	250	05:05	200	06:05	168	07:05	144
04:10	245	05:10	197	06:10	165	07:10	142
04:15	240	05:15	194	06:15	163	07:15	141
04:20	235	05:20	191	06:20	161	07:20	139
04:25	231	05:25	188	06:25	159	07:25	137
04:30	226	05:30	185	06:30	157	07:30	136
04:35	222	05:35	183	06:35	155	07:35	134
04:40	218	05:40	180	06:40	153	07:40	133
04:45	215	05:45	177	06:45	151	07:45	131
04:50	211	05:50	175	06:50	149	07:50	130
04:55	207	05:55	172	06:55	147	07:55	129
05:00	204	06:00	170	07:00	146	08:00	127

Wie hoch ist Ihre Lesegeschwindigkeit? _____ WpM

Und gleich geht es weiter mit den Verständnisfragen. Bitte notieren Sie Ihre Antworten auf einem Blatt Papier oder machen Sie einen Kringel um a, b, c oder d.

1. Forscher haben Studien gemacht, um dem Zweck zu dienen, den Schreibern Werkzeuge in die Hand zu geben, um
   a) professionelle und gut lesbare Texte zu generieren.
   b) möglichst aussagekräftige und gut lesbare Texte zu generieren.
   c) gut lesbare, verständliche und aussagekräftige Texte zu generieren.
   d) einfach gegliederte und aussagekräftige Texte zu generieren.

2. Woher stammt die Professionalisierung des Schreibens?
   a) USA
   b) Schweden
   c) Europa
   d) UK

3. Welcher Forscher wird als Kommunikationsexperte bezeichnet?
   a) Otto Kruse
   b) Friedemann Schulz von Thun
   c) Gabriela Ruhmann
   d) Lutz von Werder

4. Der CI wurde in welchem Jahrzehnt entwickelt?
   a) 1960er Jahre
   b) 1970er Jahre
   c) 1980er Jahre
   d) 1990er Jahre

5. Was wird als Kriterium für den CI herangezogen?
   a) der Anteil der Wörter, die länger als drei Silben sind, und die durchschnittliche Anzahl der Wörter pro Satz.
   b) die durchschnittliche Anzahl der Wörter pro Satz und der Anteil der Wörter, die mehr als drei Silben haben.
   c) der Anteil der Wörter, die länger als drei Silben sind, und die durchschnittliche Satzlänge.
   d) alle dreisilbigen Wörter und die durchschnittliche Anzahl der Wörter pro Satz.

6. Was zeigt das Hamburger Verständlichkeitsmodell auf?
   a) eine Erweiterung des CI in Bezug auf Einfachheit, Gliederung und Ordnung.
   b) ein erweitertes Bild von den relevanten Merkmalen, die ein Text haben sollte, um gut verstanden zu werden.
   c) eine Erweiterung des CI in Bezug auf gut strukturierte Sätze und allgemein bekannte Wörter, die verwendet werden.
   d) eine Bemessung von Kürze und Prägnanz je nach Vollständigkeit und vorhandener Redundanzen.

7. Der durchschnittliche Deutsche oder Österreicher mit Matura hat einen aktiven Wortschatz von:
   a) 800 Wörtern.
   b) 1000 Wörtern.
   c) 2000 Wörtern.
   d) 5000 Wörtern.

8. Warum ist die deutsche Bild-Zeitung möglicherweise so auflagenstark?
   a) Sie verwendet viele Strukturelemente.
   b) Sie besteht aus kurzen und prägnanten Artikeln.
   c) Sie ist mit viel Werbung gespickt.
   d) Sie bemüht sich um einen kleinen Wortschatz.

9. Was macht ein Sachbuch für den Leser leichter erfassbar?
   a) übersichtliche und logische Strukturen
   b) viele Info-Kästen, Abbildungen, Checklisten und Marginalien
   c) gefällig und einladend zum Lesen
   d) eine angenehme Sprache

10. Welche Kriterien unterliegen Lesetests?
    a) Die Qualität der Verständnisfragen ist hoch.
    b) Möglichst wenig Fragen werden gestellt.
    c) Sie orientieren sich an einem Wortschatz von ungefähr 2000 und einem CI von etwa 30.
    d) Sie sollten spannend sein und den Lerneffekt steigern.

Hier sind die korrekten Antworten, vergleichen Sie:

1	2	3	4	5	6	7	8	9	10
c	a	b	c	a	b	d	d	a	c

Bitte notieren Sie nun Ihre Verständnisrate. Für jede richtige Antwort bekommen Sie 10 Prozent. Wenn es fünf richtige sind, haben Sie eine Verständnisrate von 50 Prozent. Sind es sieben, beträgt die Verständnisrate 70 Prozent.

Zuletzt multiplizieren Sie Ihre Lesegeschwindigkeit mit der Verständnisrate. Ein Beispiel: Sie haben eine Lesegeschwindigkeit von 190 WpM und eine Verständnisrate von 60 Prozent, das ergibt eine effektive Leserate von 114. Ihre effektive Leserate:

_____ WpM x _____ % = _____ ERR

Sie haben auf jeden Fall Potenzial!

In meinen BrainRead®-Seminaren habe ich in den letzten zehn Jahren etwa 6000 Menschen geschult. Die durchschnittlichen Ergebnisse der Lesetests zu Beginn des Seminars entsprachen dem europäischen Mittel, also bei einer Geschwindigkeit von etwa 220 Wörtern pro Minute und einer Verständnisrate von 60 Prozent. Es waren jedoch genauso Menschen dabei mit einer Geschwindigkeit von 50 Wörtern pro Minute und 30 Prozent Verständnisrate und Menschen mit einer Geschwindigkeit von 350 Wörtern pro Minute und 90 Prozent Verständnisrate.

Sie sehen, ein Vergleich mit anderen lohnt nicht wirklich. Viel wichtiger ist der Vergleich, den Sie mit Ihrer eigenen Leistung anstellen. Wenn Sie Ihre effektive Leserate am Ende dieses Buchs nur um die Hälfte erhöht oder gar verdoppelt haben, sind Sie schon ein Gewinner. Natürlich ließe sich Ihre Leistung in einem zweitägigen Seminar noch mehr steigern, weil Sie mehr Übungsmöglichkeiten hätten als mit diesem Buch. Dennoch verspreche ich Ihnen: Wenn Sie das Buch konsequent durcharbeiten, werden Sie mit Ihrem Ergebnis zufrieden sein!

Der Weltrekord im Schnelllesen liegt übrigens bei 3850 Wörtern pro Minute, angeblich bei vollem Verständnis – tatsächlich verifiziert wurde die Verständnisrate jedoch nicht wirklich. Sean Adams heißt der Wundermann aus den USA. Man muss sich das einmal vorstellen: Ein 200 Seiten starkes Buch mit etwa 45.000 Wörtern hat Adams in knapp 12 Minuten durchgelesen. Ein Skandinavier ist zweitschnellster Leser: Der Norweger Kjetill Gunnarson liest 3050 Wörter in der Minute – das ist immer noch das etwa 15fache des europäischen Durchschnittslesers. Im Vergleich dazu: Der schnellste Deutsche schaffte lediglich 1560 Wörter pro Minute.

Natürlich sind das Ausnahmetalente, deren Leistung wir uns nicht als Vorbild nehmen müssen. Sie würden schließlich auch nicht anstreben, mit Überschallgeschwindigkeit vom Himmel fallen zu wollen, nur weil der Extremsportler Felix Baumgartner das getan hat. Doch mit ein bisschen Ehrgeiz schaffen Sie es, mit diesem Buch Ihr Ergebnis von vorhin zu verdoppeln. Also legen wir los!

Ihr Lernprogramm: Nicht nur darüber lesen, sondern auch tun!

Schneller lesen lernen Sie nicht bloß, indem Sie in diesem Buch schmökern und erfahren, warum Sie langsam lesen. All die Ausführungen, Theorien und Geschichten sollen Ihr Interesse wecken, Ihnen Vergnügen beim Lesen bereiten und Sie motivieren, Ihre Kompetenz zu steigern. Nur damit allein werden Sie auch nicht schneller. Der einzige Weg ist, dass Sie alle Trainings und Übungen mitmachen und auch nach der Lektüre dieses Buchs weiterüben, sodass das Schnelllesen zu einer Selbstverständlichkeit für Sie wird.

Halten Sie es also wie Goethe, der sagte: „Es ist nicht genug, zu wissen, man muss auch anwenden; es ist nicht genug, zu wollen, man muss auch tun." In den einzelnen Kapiteln werden Ihnen verschiedene Übungen begegnen und nicht zuletzt werde ich Sie einladen, Augentraining zu machen. Das ist reines „Muskeltraining", und das ist für den Erfolg ganz entscheidend! Je öfter und konsequenter Sie Ihre Augen trainieren, desto besser wird Ihre Leseleistung.

Ich lade Sie herzlich ein, das gesamte Programm mitzumachen. Lernen, nämlich nachhaltig lernen ist nur möglich, wenn Sie sich ein wenig anstrengen. Sie werden also abwechselnd Informationen und Wissen über das Lesen erhalten und Übungen absolvieren. Erst wenn Sie merken, dass Sie müde werden, dürfen Sie davon ausgehen, dass Sie einen Schritt weiter gekommen sind.

Dazwischen sollen Ihnen Lesetests Aufschluss über Ihren Lernfortschritt geben. Es ist gut möglich, dass der zweite oder dritte Lesetest schlechter ausfällt als der erste, den Sie schon gemacht haben. Vielleicht werden Sie auch schneller, doch Ihre Verständnisrate sinkt. Macht nichts. Lernen heißt auch, dass Sie Fehler machen dürfen. Nicht alles klappt auf Anhieb, das wissen Sie bestimmt auch aus anderen Bereichen im Leben. Denken Sie positiv, legen Sie sich trotzdem ins Zeug, dann werden Sie mit dem Ergebnis des letzten Lesetests am Ende des Buchs zufrieden sein.

● ●

SO HABEN SIE ERFOLG BEIM LERNEN

- Akzeptieren Sie nicht, dass Sie ein schlechter Leser sind. Denn es gibt keine schlechten Leser, höchstens unmotivierte oder faule oder ungeübte.
- Seien Sie offen dafür, Neues auszuprobieren. Lernen passiert nur dann, wenn Sie Ihre Komfortzone verlassen und ein wenig an Ihre Grenzen gehen.
- Dazu gehört auch, dass Sie Fehler machen. Wenn Sie sich Fehler nicht zugestehen, behindern Sie sich selbst. Es ist ein ganz normaler Teil eines Lernprozesses, zwischendurch auch einmal schlecht abzuschneiden.
- Freuen Sie sich über jede kleine Veränderung, die Sie erreichen. Und belohnen dürfen Sie sich auch bei ganz kleinen Schritten.

● ●

Kapitel 2

Abenteuer im Kopf – Wie wir verstehen, was wir lesen

„Was passiert beim Lesen im Kopf?" Diese Frage beantworten wir in diesem Kapitel. Sie erfahren, wie die Buchstaben auf der Datenautobahn zwischen Auge und Gehirn Gestalt annehmen und zu einer sinnstiftenden Information werden.

Kürzlich saß ich in einem Weingut gemütlich am Tisch. Nach einem Zweitages-Seminar in Aachen hatte ich Lust auf ein wenig Entspannung und so fuhr ich in die Nähe von Schengen, einem Ort, der zwar im Sinne der Europäischen Union geschichtsträchtig ist, den man jedoch kaum als das kennt, was er immer war: ein hübscher Weinort am Dreiländereck zwischen Deutschland, Frankreich und Luxemburg. Ich genoss also den hervorragenden Mosel-Wein und erfreute mich am Blick auf den Fluss und die Weingärten diesseits und jenseits der deutsch-luxemburgischen Grenze. Der Wirt setzte sich zu mir und wir sprachen über seine und meine Arbeit. Ich erzählte von meinen Seminaren und dass viele Menschen stöhnten, weil sie so viel zu lesen hätten und dass sie deswegen oft genug überfordert wären. „Wie viel haben Sie so zu lesen?", fragte ich ihn. „Ach", sagte er, „schon sehr viel. Aber nicht so oft. Genau genommen bloß einmal im Jahr." Und dann grinste er von einem Ohr zum andern.

Klar, wir lesen nicht nur Texte. Wir lesen auch Wein, sogar Blumen, und manchmal glauben wir, die Gedanken eines anderen lesen zu können. Das liegt an der gemeinsamen Sprachwurzel des Wortes *lesen*: Das althochdeutsche *lesan* bedeutete so viel wie *verstreut Umherliegendes aufnehmen und zusammentragen* und bezog sich auf die Ernte. Dass das Wort auch für das (Auf-)Lesen von Buchstaben verwendet wurde, liegt vermutlich daran, dass in germanischer Zeit zur Weissagung Stäbchen mit Runenzeichen darauf ausgestreut wurden, die dann vom Weisen gedeutet, also gelesen wurden. Auch der zweite Teil unseres Wortes Buch*stabe* bezieht sich auf diese Stäbchen. Und das englische Wort *read* geht auf das anglikanische *redan* zurück, was so viel heißt wie *erklären, raten*. Auch das weist darauf hin, dass es um das Interpretieren von Zeichen geht.

Zusammentragen und Interpretieren sind also die Ursprünge dessen, was wir als Lesen bezeichnen. Das ist im Grunde auch, was wir tun: So wie der Winzer Trauben zusammenträgt, um daraus Wein zu keltern, tragen wir Buchstaben zusammen, um daraus Sinn zu generieren. Wir interpretieren Sinngebilde, die aus Buchstaben bestehen. Unser Auge nimmt die Buchstaben wahr (zum Beispiel ein S, ein O, zwei N und ein E), erkennt es als Wort (Sonne) und erklärt es zum geschriebene Symbol für jene gelbe Kugel am Himmel, die unser Leben auf der Erde möglich macht. Sie fühlen sich an die Zeit erinnert, als Sie mit sechs Jahren in der Schulbank saßen und Ihr erstes Lesebuch aufschlugen? Genau.

Buchstaben, Wörter, Sinngebilde – so haben wir lesen gelernt

So haben wir alle lesen gelernt: In der ersten Klasse Grundschule galt es zunächst, die Buchstaben des Alphabets kennen zu lernen, um dann Buchstabe für Buchstabe Wörter zu entziffern. Wir lasen „M ... Mi ... Mimi" und bewegten dabei unsere Lippen oder lasen überhaupt laut. Als Nächstes fügten wir Wörter zusammen: „Mimi und Mia spielen im Garten." Buchstabenweise hantelten wir uns voran.[8]

Etwas später, so im Alter von zehn Jahren, ging das Lesen schon flüssiger. Wir konnten Wörter als Ganzes erkennen und reihten diese zu Sätzen zusammen. Damit die Lehrerin prüfen konnte, ob wir das auch richtig machten, wurde meist laut gelesen – mit dem Effekt, dass wir uns an unsere Stimme gewöhnten. Diese Gewohnheit ist uns bis heute geblieben: Eine innere Stimme liest alle Texte mit, auch wenn wir im stillen Kämmerchen lesen.

Mit dem Älterwerden erweiterte sich unser Wortschatz und wir lernten, auch anspruchsvollere Texte zu verstehen. Im Alter von etwa vierzehn Jahren hatten wir einen aktiven Wortschatz von etwa 800 Wörtern und konnten Texte gut und mit ausreichendem Verständnis lesen, sofern sie nicht zu schwierig waren, also unseren Wortschatz nicht überschritten. Natürlich gibt es Jugendliche mit einem größeren Wortschatz – er wird schließlich nicht nur von der Schulbildung, sondern auch vom Elternhaus und anderen Parametern beeinflusst. Doch im Durchschnitt haben junge Menschen bis zu 14 Jahren etwa 800 Wörter in ihrem Repertoire.

Ab diesem Alter erweitert sich unser Wortschatz explosionsartig. Die ernüchternde Nachricht: In punkto Leseleistung bleiben die meisten Menschen dennoch bei diesem Level stehen. Obwohl sich ihre Sprache immer weiter entwickelt, lesen sie genauso langsam und ineffizient wie mit vierzehn Jahren. In meinen BrainRead©-Seminaren absolviert jeder Teilnehmer gleich zu Beginn einen Lesetest, um sich selbst einordnen zu können, und die Ergebnisse bestätigen mit wenigen Ausnahmen diese Tatsache. Es ist, als ob wir in Krabbelposition verharrten, obwohl wir schon längst auf zwei Beinen stehen und sogar laufen könnten. Die gute Nachricht: Sie haben das Potenzial für einen Marathon!

Übrigens gilt das nicht nur für Deutschsprechende. In allen Weltsprachen zeigt sich ein ähnliches Bild. Selbst die Chinesen, Japaner und andere, die nicht mit Buchstaben, sondern mit Wortsymbolen schreiben, lesen nicht so schnell, wie sie könnten. Ein kleiner Trost, fürwahr.

Datenautobahn zwischen Auge und Gehirn

Auge und Gehirn sind die beiden zentralen Organe, die beim Lesen in Anspruch genommen werden. Während wir die Vorgänge beim Sehen von Wörtern bereits gut erforscht und verstanden haben, wird in den Disziplinen, die sich mit Gehirn und Geist beschäftigen, zwar seit einigen Jahren intensiv geforscht. Alle Antworten haben wir jedoch noch lange nicht gefunden.

Unsere Augen sammeln und formen Informationen

Das Auge gehört unbestritten zu unseren wichtigsten Sinnesorganen. Mit seiner Hilfe lesen wir unser Umfeld und schaffen damit die Grundlage für unsere Orientierung: Wir erkennen durch die Mimik unserer Chefin, dass sie heute gut gelaunt ist, und können unsere Arbeit ein wenig entspannter angehen. Wir sehen Hindernisse und Gefahren und können einschätzen, was zu tun und zu lassen ist. Was wir sehen, aktiviert auch andere Sinnesnerven und Emotionen: Wir staunen über einen unvergesslichen Sonnenuntergang. Beim Anblick eines besonders appetitlich servierten Steaks gerät unser Gaumen in Vorfreude. Wir verfolgen gebannt das Fußball-Finalspiel Bayern München gegen Schalke 04 und leiden und leben mit den Geschehnissen am Spielfeld mit. Unser Auge erkennt Farben und Formen unterschiedlichster Dimensionen. Es kann eine kleine Mücke ebenso wahrnehmen wie einen Elefanten, einen vorbeirasenden McLaren ebenso wie eine Hummel, die gemächlich von Blume zu Blume brummt.

Was auch immer wir sehen, so sind es immer Lichtstrahlen, die dafür sorgen, dass wir etwas erkennen können. Ein grüner Ordner im Regal wird deshalb erkannt, weil das Material Licht aussendet mit der entsprechenden Wellenlänge für grünes Licht. Der Lichtstrahl trifft auf unser Auge. Er durchdringt die Hornhaut, gelangt durch Pupille, Linse und den Glaskörper auf die Netzhaut, wo ein Bild entsteht und über den Sehnerv ans Gehirn weitergeleitet wird.

Die Natur hat uns auch mit Korrekturvorrichtungen ausgestattet. Ein gesundes Auge kann durch die so genannten Ziliarmuskeln die Brennweite der Linse verändern und auf diese Art und Weise scharfstellen. Ist ein Gegenstand weit entfernt, wird die Linse gestreckt, bei nahen Gegenständen lässt der Muskel locker, sodass die Linse dicker und das Bild scharf wird. Die Iris wiederum reguliert die Helligkeit: Ist es dunkel, vergrößert sie die Pupille, blendet das Licht, wird die Pupille ganz klein. In Abbildung 1 sehen Sie den Querschnitt eines Auges.

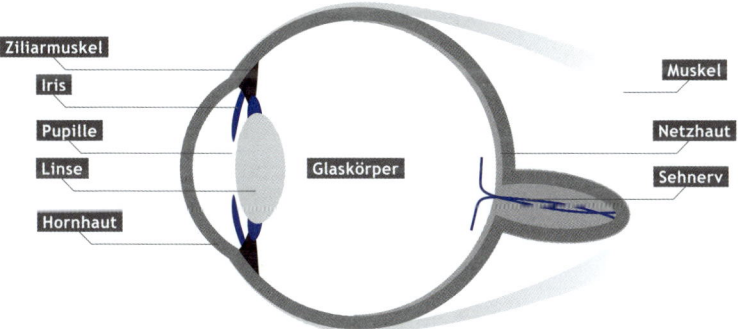

Abbildung 1: Das Schema eines Auges

Sehen wir uns nun an, was Ihre Augen im Sinne des Lesens zu leisten imstande sind, und machen Sie mit mir ein kleines Experiment. Fixieren Sie einen beliebigen Punkt im Raum, zum Beispiel die Blumenvase gegenüber in Ihrem

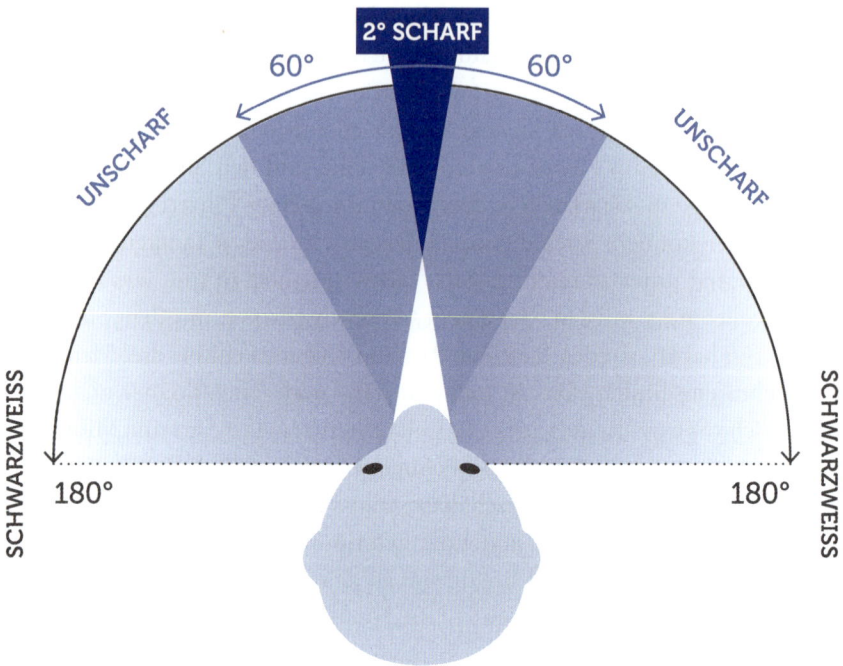

Abbildung 2: Der Sehbereich unserer Augen

Buchregal oder Ihren Fuß, den Sie zwecks Lesegemütlichkeit auf Ihrem Sofa ausgestreckt haben. Stellen Sie auf diesen einen Punkt scharf und versuchen Sie dann, Ihr gesamtes Blickfeld wahrzunehmen, ohne den Blick von der Vase oder Ihrem Fuß abzuwenden. Sie werden feststellen: Sie sehen die Vase scharf, doch schon unmittelbar rundherum sehen Sie ein wenig verschwommen. Mit zunehmendem Abstand zur Vase nimmt Ihre Sehschärfe rapide ab. Zum äußeren Rand Ihres Gesichtsfeldes hin können Sie auch keine Farben mehr wahrnehmen, Sie sehen alles in Schwarz-Weiß- und Grauschattierungen. Wenn wir also ein Buch vor uns haben und einen Buchstaben fixieren, können wir tatsächlich nur in einem sehr engen Sehwinkel von etwa zwei Grad scharf sehen, wie Sie in Abbildung 2 erkennen können. Man nennt das den Bereich des fovealen Sehens (die Fovea ist eine kleine Stelle hinten an der Netzhaut, an der wir am schärfsten sehen). In diesem Bereich haben wir die maximale Sehschärfe und auch die beste Farberkennung. Würden wir die Fovea mit der Pixelstärke eines technischen Geräts vergleichen, hätte sie in etwa dieselbe Auflösung wie Apples neues Retina-Display für iPhone oder iPad.

Diese Hochauflösung ist für uns wichtig: Bis zu einem bestimmten Abstand können wir dadurch kleinste Details erkennen. Das kann ein Schiefer sein, den Sie sich am Finger eingezogen haben, und den Sie nur dank Ihrer Fovea im Auge so scharfstellen, dass Sie ihn mit einer Pinzette erfassen und herausziehen können. Auch die soziale Distanz, die Sie zu anderen Menschen einhalten, hat unter anderem mit der Notwendigkeit zu tun, wie scharf Sie sehen wollen oder müssen. Bei einem Gesprächspartner, mit dem Sie beruflich zu tun haben, werden Sie einen Abstand von etwa ein bis drei Metern als angenehm empfinden. Das ist nicht zu nahe und verletzt daher nicht Ihre persönliche Sphäre, ist aber nicht zu weit entfernt, sodass Sie seine Mimik gut erkennen können – und das ist schließlich wichtig, egal, ob Sie ein Konfliktgespräch führen oder einen Geschäftsabschluss besiegeln.

Außerhalb der zwei Grad endet das luxuriöse, maximale Scharfsehen aber auch schon, denn die Pixeldichte nimmt ab da schnell ab. Bei 20 Grad haben wir nur noch 20 Prozent der Sehschärfe. Noch weiter zum Rand unseres Gesichtsfelds hin, etwa bei 60 Grad, sehen wir immer unschärfer und die Farben beginnen nach außen hin zu verblassen. In Abbildung 2 sehen Sie, wie die Schärfewahrnehmung abnimmt. Daher sollten Brillenträger darauf achten, dass ihre Brille den nahperipheren Bereich bis zu 60 Grad gut abdeckt. Ob John Lennon mit seiner kleinen, runden Brille wirklich genug gesehen hat, können wir bezweifeln.

An der Peripherie bei etwa 180 Grad sehen wir schließlich nur noch schwarz-weiß und Grauschattierungen und können Gegenstände nur mehr schemenhaft erkennen. Wir können kaum mehr als Licht und Schatten wahrnehmen. Dennoch sollten wir für diese Fähigkeit dankbar sein: Wir wären zum Beispiel allesamt sehr schlechte Autofahrer, wenn wir Bewegungen am Rande des Gesichtsfeldes nicht erkennen könnten. Wir sehen einen Schatten im Augenwinkel, reagieren sofort und steigen auf die Bremse. Erst dann, wenn wir den Kopf drehen und diesen Schatten mehr in die Mitte unseres Gesichtsfeldes stellen, können wir erkennen, dass es ein ergrauter Herr mit Schlips und Anzug auf einem Skateboard ist, der sich am Gehsteigrand gerade halb überschlagen hat.

Für das Lesen bedeutet es, dass wir nur in einem sehr schmalen Bereich Buchstaben wirklich scharf sehen können. Bei einem durchschnittlichen Leser und je nach Schriftgröße entsprechen die zwei Grad Sehwinkel sechs bis acht Buchstaben – also gerade einmal einem durchschnittlichen deutschen Wort. Genau so lesen Sie vermutlich auch: Sie nützen nur diesen kleinen Teil Ihres Gesichtsfeldes und fokussieren immer nur ein Wort nach dem anderen.

Doch wenn Sie hier lesen, dann sehen Sie ganz bestimmt viel mehr, nicht wahr? Sie erkennen zum Beispiel auch den Rand der Buchseiten links und rechts vom Text und auch den oberen und unteren Rand sehen Sie. Sogar die gegenüberliegende Seite haben Sie am Radar, wenn auch äußerst unscharf. Doch schauen Sie genau: Wenn Sie ein Wort hier in diesem Satz fixieren – ich wette, dass Sie auch das Wort links und rechts davon und vielleicht sogar das jeweils übernächste erkennen können, ohne Ihre Augen zu bewegen. Warum also nicht beim Lesen ganz bewusst einen breiteren Winkel Ihres Gesichtsfeldes nützen?

Schneller lesen kann nur, wer statt einem Wort gleich mehrere Wörter aufnimmt. Sie könnten also Ihren Fokus von zwei Grad auf vier bis fünf Grad erweitern und so statt einem Wort gleichzeitig fünf bis sechs Wörter aufnehmen. In diesem Bereich sehen Sie zwar nicht so scharf, doch es reicht aus, um die Wörter zu erkennen und auch zu verstehen, da Sie in diesem Bereich von vier bis fünf Grad noch eine Sehschärfe von etwa 50 Prozent haben. Diese Vorstellung mag für Sie sehr ungewohnt sein. Doch Sie lesen dieses Buch schließlich, weil Sie etwas lernen wollen, und lernen bedeutet, dass Sie etwas Neues, Ungewohntes ausprobieren.

Was unsere Lesefähigkeit anlangt, unterschätzen wir sowohl unser Auge als auch unser Gehirn ganz enorm. Wir meinen, nur jene Wörter wirklich verstanden zu haben, die wir gründlich fokussieren und genau betrachten können, weil wir nur so den Sinn verstehen. Dass das gar nicht so sehr vonnöten ist, werden Sie im Laufe der folgenden Kapitel noch erfahren und – wie ich hoffe – auch akzeptieren. Doch das ist nur einer der Irrtümer, denen wir aufsitzen.

Ein weiterer Irrtum ist, dass wir das Potenzial unseres Auges beim Lesen bereits ausschöpfen, speziell im Hinblick auf die Geschwindigkeit, mit der wir ein Wort aufnehmen können, und im Hinblick darauf, wie schnell wir von einem Wort zum anderen springen. Bei einer Lesegeschwindigkeit von

240 Wörtern pro Minute nimmt Ihr Auge pro Sekunde vier Wörter auf, bei 180 Wörtern pro Minute sind es nur drei Wörter pro Sekunde. Das ist nicht viel!

Würde ein Film so langsam abgespult werden, dass er pro Sekunde nur drei Bilder sendet, würden Sie nicht lange zusehen wollen. Der Film würde aus Ihrer Sicht ruckeln und zuckeln und wäre alles andere als ein Genuss. Tatsächlich arbeitet die Filmindustrie mit 24 Bildern pro Sekunde, damit wir einen gestochen scharfen Film sehen, bei dem alle Bewegungen rund ablaufen.

Doch selbst 24 Bilder pro Sekunde sind langsam. Experimente zeigen, dass unser Auge ein Bild selbst in 1/125 Sekunde aufzunehmen imstande ist. Bei diesen Experimenten wurden mit einem Projektor Wörter und Wortgruppen an eine Leinwand geworfen, und zwar so, dass sie nur 1/125 Sekunde lang sichtbar waren. Man ließ den Probanden nach jedem Bild fünf Sekunden Zeit, um aufzuschreiben, was ihr Auge wahrgenommen hatte, und siehe da: Selbst bei Wortgruppen mit drei oder mehreren Wörtern war die Trefferquote äußerst hoch.

Theoretisch könnten Ihre Augen also 125 Wörter pro Sekunde erfassen. Das wären pro Minute 7500 Wörter! Bei diesem Experiment wurden auch Bilder mit drei Wörtern an die Leinwand projiziert, und das Ergebnis war in etwa dasselbe. Ihre Augen können also zum Beispiel das einzelne Wort *Haus* ebenso schnell erfassen wie die Wortgruppe *vor dem Haus*. Das ist doch fantastisch! Das käme einer Lesegeschwindigkeit von 22.500 Wörtern pro Minute gleich.

Nun, dass solche Ergebnisse utopisch sind, ahnen Sie vermutlich bereits. Denn selbst unser Weltrekordhalter in Kapitel 1 hat bloß 3850 Wörter pro Minute geschafft. Der Grund liegt darin, dass die Übertragung vom Auge zum Gehirn einer gewissen Trägheit unterliegt. Das Auge kann zwar ein Bild in 1/125 Sekunde erfassen, doch nicht unmittelbar hintereinander. Wären in dem Experiment 125 Wörter oder Wortgruppen innerhalb einer Sekunde aufgeblendet worden, hätten die Probanden nur einen verschwommenen grauen Fleck gesehen.

Wenn eine Information vom Auge über den Sehnerv ins Gehirn übermittelt wird, geschieht dies über chemische und elektrische Prozesse: Fällt ein

Lichtstrahl auf die Netzhaut (siehe Abbildung 1 auf Seite 33) wird die Information von den Sinneszellen im Auge über Synapsen, Bipolar- und Ganglienzellen ans das Gehirn weitergeleitet. Die bei diesem komplexen Ablauf stattfindenden chemischen Prozesse können nur eine bestimmte Anzahl von Signalen pro Sekunde erzeugen. Erst am Ende dieses Prozesses werden die Signale schließlich über elektrische Impulse ans Gehirn weitergeleitet.

Die Wissenschaft ist noch dabei zu erforschen, was die Augen exakt erkennen und weitergeben können. Doch so viel ist klar: Es sind nicht mehr als maximal sechs Informationen pro Sekunde übertragbar. Das entspricht der Informationsgeschwindigkeit im Körper allgemein. Signale vom Gehirn an die Muskeln beispielsweise haben dieselbe Geschwindigkeit. Selbst ein geübter Klavierspieler könnte nicht öfter als sechs Mal pro Sekunde mit dem Finger auf eine Taste schlagen, weil der Impuls vom Gehirn zum Muskel keine schnellere Übertragung zulässt.

Beachtlich ist das Ergebnis von sechs Impulsen pro Sekunde dennoch, wenn wir nun eine Rechnung für die Lesegeschwindigkeit anstellen: Sechs Wörter pro Sekunde ergäbe eine Lesegeschwindigkeit von 360 Wörtern pro Minute, das ist fast doppelt so schnell wie die meisten von Ihnen beim ersten Lesetest in Kapitel 1 abgeschnitten haben.

Nun wissen wir aus empirischen Beobachtungen und Forschungsergebnissen, dass unsere Augen etwa sechs Wörter mit einer Fixierung aufnehmen können. Multipliziert mit den sechs Impulsen, die ans Gehirn weitergegeben werden können, kommen wir auf die beachtliche Geschwindigkeit von 2160 Wörtern pro Minute. Das ist natürlich nur Theorie. Praktisch sind wohl eher fünf Wörter pro Fixierung und drei Signale pro Sekunde realistisch. Das sind immer noch 900 Wörter pro Minute.

Falls Ihnen nun schon die Buchstaben vor den Augen verschwimmen im Angesicht solch hoher Leseleistungen, dann specken wir doch unsere Erwartungen noch ein wenig ab. Sagen wir, für Sie seien fürs Erste drei Wörter mit einer Fixierung erfassbar und Sie schafften drei Fixierungen pro Sekunde. Dann könnten Sie immer noch neun Wörter pro Sekunde und 540 Wörter in der Minute lesen. Und das ist nun wirklich machbar!

Ich möchte Ihnen dennoch die Karotte vor die Nase halten: 1000 Wörter pro Minute erreichen auch manche Teilnehmer nach zwei intensiven Tagen

Training in meinen Seminaren – und das bei hoher Verständnisrate! Die Durchschnittswerte am Ende der Seminare bewegen sich jedoch eher rund um 500 Wörter pro Minute. Wenn Sie also sowohl das Potenzial Ihrer Augen, Ihres Sehnervs und Ihres Gehirns ein wenig mehr beanspruchen, erreichen Sie eine beachtliche Lesegeschwindigkeit, die weit über der liegt, die Sie noch zu Beginn des Buches hatten. Werte um 500 bis 600 Wörter pro Minute bei einer Verständnisrate um die 80 Prozent oder mehr sind für Sie also wirklich machbar!

Unser Gehirn gibt den Informationen Sinn

Sie haben nun schon einiges über die Physiognomie von Auge und Sehnerv erfahren und wissen, wie schnell Sie demnach zu lesen imstande sein könnten. Nun lade ich Sie auf eine Reise in Ihr Gehirn ein. Die Erforschung des Leseprozesses haben in den letzten Jahren vor allem Gehirnforscher, Kognitionspsychologen und Psycholinguisten vorangetrieben. Was sie in diversen Studien erkannt haben, gibt uns neue Aufschlüsse darüber, wie wir besser und schneller lesen können.

Früher war man der Meinung, das Sprachzentrum sei in der linken Gehirnhälfte angesiedelt. Sowohl beim Sprechen und Schreiben als auch beim Lesen würde man dieses Areal beanspruchen, so glaubte man. Dank neuesten Technologien haben Wissenschaftler nun herausgefunden: Um Sprache zu verstehen, nutzen wir viele unterschiedliche Hirnregionen gleichzeitig. Die Vorstellung, es gäbe eine einzelne Blackbox in unserem Gehirn, die für Sprache zuständig sei, und nichts anderes, ist also falsch, wie Forscher der Universität Rochester im Jahr 2010 feststellten.[9]

Wenn wir einen Satz lesen oder hören, greifen wir also nicht bloß auf eine Gehirnregion zurück, sondern auf viele verschiedene. Jedes dieser Areale übernimmt eine kleine Teilaufgabe und prüft zum Beispiel eine bestimmte grammatikalische Logik. Wobei auch die Grammatik nicht in einer Region gespeichert ist, auch diese ist aufgeteilt. Nehmen wir einmal an, Sie könnten verschiedene Sprachen sprechen. Sie blättern im Fernsehprogramm und finden einen alten Klassiker in Originalfassung. *When Harry met Sally* lesen Sie, und weil Sie Englisch können, ist Ihnen sofort klar, dass Harry Sally traf und nicht umgekehrt. Englisch ist eine Sprache, in der die Wortreihenfolge den Sinn bestimmt. Das ist im vorderen Teil Ihres Gehirns, im Stirnlappen, gespeichert und darauf greifen Sie zu. Sie sprechen außerdem Spanisch und haben daher Zugriff auf eine weitere Sprachlogik. Wie in allen romanischen Sprachen ergibt sich der Sinn eines spanischen Satzes aus der Beugung der Wörter, die sich in den Endsilben von Nomen und Verben ausdrückt. Dieses Wissen haben Sie im Schläfenlappen oberhalb der Ohren gespeichert.

Das Hirn braucht nicht nur grammatikalisches Werkzeug, um Worte und Sätze zu verstehen. So, wie ein Koch je nach Speise nicht nur zur passenden Pfanne greift, sondern auch noch Löffel, Spezialmesser und Gewürze braucht, um ein gutes Gericht zu kochen, greift das Gehirn auch noch auf anderes Wissen zu, um Wörter und Sätze möglichst korrekt zu interpretieren. Es läuft ein sehr komplexer Prozess ab, den eine Forschergruppe rund um den Leiter Jos Van Berkum vom Max Planck Institut in den Niederlanden untersuchte.[10]

Die zentrale Erkenntnis: Während wir lesen (oder zuhören), antizipiert unser Gehirn ununterbrochen, welche Information als Nächstes kommen könnte. Es greift dabei einerseits auf zuvor Gelesenes zurück, andererseits auf entsprechende Erfahrungen, Erlebnisse und Wortdefinitionen, die bereits abgespeichert sind. Wenn wir zum Beispiel lesen: *Susanne lobt Alfred, weil ...*, so erwarten wir, nach diesem *weil* etwas über Alfred zu erfahren. Dies entspricht einer gelernten Logik. Ist das nächste Wort *er*, so entspricht das dieser Logik und wir fühlen uns in unserer Erwartung bestätigt. Käme danach jedoch ein *sie*, würde uns das irritieren.

So sehr unser Gehirn bei der Aufnahme und Interpretation von Wörtern und Sätzen auch beschäftigt scheint, so sehr ist es dennoch zu wenig gefordert, wenn wir in unserer herkömmlichen Geschwindigkeit lesen. In der Einleitung dieses Buches haben Sie bereits über ein sehr weit verbreitetes Phänomen gelesen, das mit großer Wahrscheinlichkeit auch Ihnen schon passiert ist: Während des Lesens schweiften Ihre Gedanken ab. Ihre Augen nahmen zwar weiterhin Wörter auf, doch Ihr Gehirn beschäftigte sich gleichzeitig mit etwas ganz anderem. Mit den Einkäufen, die Sie nach Büroschluss noch zu tätigen haben. Oder mit dem bevorstehenden Urlaub und was noch alles zu besorgen sei.

Nun haben Forscher Licht ins Dunkel dieses Phänomens gebracht.[11] *Mind-Wandering*, so nennen es die Experten, sei nämlich etwas, das wir ständig tun. Michael Kane von der Universität North Carolina in den USA stellte bei einem Versuch mit Studenten fest: Bis zu 90 Prozent der Zeit driften unsere Gedanken von der eigentlichen Tätigkeit ab. Im Durchschnitt sind es 30 bis 40 Prozent. In den überwiegenden Fällen ist das nicht weiter schlimm. Doch manchmal kann es auch tragisch enden: So sorgte ein Fall im Jahr 2003 für großes Aufsehen, als ein College-Professor an einem heißen Augustmorgen zur Arbeit fuhr, ausstieg und den Wagen abschloss. Eine automatische Handlung, die er wohl täglich durchführte. Das Problem: Er vergaß seinen zehn Monate alten Sohn auf dem Rücksitz. Als er am Abend zum Auto zurückkehrte, war dieser an der Hitze gestorben. Was auch immer ihm durch den Kopf ging, als er das Auto abschloss, er war in Gedanken bestimmt nicht dort, wo es dringend notwendig gewesen wäre: bei der Obsorge für seinen Sohn.

Wie gesagt, normalerweise ist unser *Mind-Wandering* harmlos. Beim Lesen, so hat man herausgefunden, sind es 15 bis 20 Prozent der Zeit, in denen unsere Gedanken wandern. Harmlos, aber lästig, denn wir vergeuden damit sehr viel Zeit. Darüber hinaus verhindern wir dadurch, den Text gut zu verstehen.

Wenn dieses Verhalten so weit verbreitet ist, muss es schließlich sinnvoll sein, könnte man meinen. Tatsächlich ist unser Gehirn auf möglichst effiziente Auslastung bedacht. Es beschäftigt sich auf der einen Seite mit dem, was wir beabsichtigen: mit einer Tätigkeit oder einem Ziel, das wir gerade erreichen wollen. Wenn Sie vorhaben, dieses Buch zu lesen, dann ist Ihr Gehirn selbstverständlich bereit dafür. Doch es hat noch andere Aufgaben, die Ihnen gar nicht bewusst sind. Meist sind es persönliche Ziele: Pläne schmieden für die Zukunft, Alltagsprobleme lösen, eigenes Denken und Verhalten reflektieren, um sich selbst besser zu verstehen. Nur sehr selten sind es Tagträume oder Phantasien. Und so kann es passieren, dass diese anderen Aufgaben unsere Aufmerksamkeit entführen, wenn auch immer nur für kurze Zeit.

Im Grunde ist Mind-Wandering sehr hilfreich. Zum Leben benötigen wir nicht ständig unsere volle Aufmerksamkeit, viele Handlungsabläufe sind automatisiert. Wir müssen nicht darüber nachdenken, welchen Muskel wir wann und im Zusammenspiel mit welchem anderen Muskel kontrahieren müssen, um einen Schritt zu machen. Wenn wir aus unserem Auto steigen, schließen wir ganz automatisch ab, weil wir das schon seit Jahren fast täglich so tun. Nur ab und zu halten wir anschließend inne und fragen uns, ob wir tatsächlich abgeschlossen oder doch vergessen haben – und das passiert deshalb, weil es eine selbstverständliche Handbewegung geworden ist, die unsere Aufmerksamkeit nicht benötigt.

Damit ist es einleuchtend, dass wir mit unseren Gedanken oft woanders sind als bei der eigentlichen Tätigkeit: Es ist nicht notwendig, wertvolle Gehirnleistung zu beanspruchen. Und so verwendet das Gehirn die freie Kapazität für etwas anderes. Das ist doch sehr sinnvoll.

Eine andere Studie am Harvard's Massachusetts General Hospital stellte fest, dass beim Mind-Wandering Ähnliches geschieht, als wenn man Menschen befiehlt, nichts zu tun, also wenn das Gehirn quasi auf Stand-by geschalten ist. Sie bauen Luftschlösser. Immer dann, wenn das Gehirn freie Kapazitäten ortet, beschäftigt es sich mit etwas anderem.

Was bedeutet das für unser Lesen? Wenn wir lesen und unsere Gedanken schweifen ab, dann hat unser Gehirn offenbar zu wenig zu tun. Womit wir zu dem Schluss kommen, den ich zu Beginn des Buchs schon angedeutet habe: Wir unterfordern unser Gehirn, weil wir zu langsam lesen.

Apropos zu langsam lesen: Zu Beginn dieses Kapitels haben Sie sich erinnert, wie Sie lesen gelernt haben. Einen Punkt möchte ich in diesem Zusammenhang noch aufgreifen, der in der Leseforschung als ein Hindernis identifiziert wurde: das lautlose – oder manchmal sogar flüsternde oder gar laute – Mitlesen. Auch hier haben Forscher die entsprechenden Spuren und Verknüpfungen in unserem Gehirn gefunden.

Jene Gehirnregionen, die beim Lesen zum Einsatz kommen, werden auch beim Sprechen aktiviert. Doch beim Sprechen wird noch ein anderes Areal zugeschalten, das Stimmbänder, Lippen und Zunge steuert. Lesen wir nun so, dass unsere innere Stimme mitspricht, so bekommen unsere Sprechwerkzeuge auch dann einen Impuls, wenn wir gar nicht laut sprechen, sondern nur lautlos mitlesen. Damit bemühen wir unser Gehirn mit einer Fleißaufgabe, die wir gar nicht benötigen. Denn für das Verstehen von Sätzen brauchen wir diese motorischen Manöver gar nicht![12]

Insgesamt erwecken all diese Forschungsergebnisse den Verdacht, dass wir beim Lesen unser Potenzial nicht annähernd ausschöpfen. Natürlich gibt es immer noch viele Fragen, die Forscher erst noch untersuchen und beantworten müssen. Eines zeichnet sich jedoch ab: Wir müssen über den Prozess des Sprachverständnisses und der Interpretation von Worten anders nachdenken. Wir können dank der Leistungsfähigkeit unseres Gehirns viel schneller Rückschlüsse über den Inhalt ziehen und einen Text schneller verstehen, als wir glauben. Sie haben dieses Buch gekauft, um schneller lesen zu lernen, und damit sind Sie eindeutig auf dem richtigen Weg.

Ich schlage nun vor, dass Sie mit mir ganz mutig ins kalte Wasser springen. Oder besser gesagt: Gehen wir ins Augen-Fitness-Center und beginnen wir mit der ersten Trainingseinheit. Es mag sein, dass Ihnen diese erste Übung ein wenig seltsam vorkommt, denn sie weicht ab von dem, was Sie bisher unter Lesen verstanden haben.

So soll es aber auch sein. In diesem ersten Training geht es bloß darum, dass wir Ihre Augen trainieren. Verständnis brauchen wir bei diesen Übungen ganz einfach nicht. Einen Tipp möchte ich nur noch voranstellen für Menschen, die Gleitsichtbrillen tragen:

• •

LESEBRILLE IST BESSER ALS GLEITSICHTBRILLE

Mehrstärken- oder Gleitsichtbrillen sind so konstruiert, dass Sie nur in einem sehr kleinen Bereich im unteren, mittleren Teil des Glases scharf sehen können. Dieser Bereich reicht aus, um fünf bis sechs Wörter gleichzeitig erkennen.

Doch wenn Sie mit Ihren Augen in der Zeile weiter nach rechts springen, wird es unscharf. Sie müssten also den Kopf bewegen, und das hält Sie ein wenig auf. Normalsichtigen Menschen empfehle ich immer, den Kopf nicht zu bewegen, sondern nur die Augen. Das wäre in Ihrem Fall eine schlechte Empfehlung, weil Sie dann nicht scharf sehen könnten.

Wenn Sie Ihre Augen trainieren wollen, um schneller zu lesen, sind diese Brillen daher leider nicht besonders geeignet. Sie haben zwei Möglichkeiten:

• Sie benützen eine Einstärken-Lesebrille.

• Wenn das für Sie keine Option ist: Um beim Lesen die Zeilen so schnell wie möglich abtasten zu können, drehen Sie den Kopf leicht mit und nehmen in

Kauf, dass Sie nicht ganz so schnell lesen, wie Sie könnten. Mit ausreichendem Augentraining können Sie sich jedoch gut daran gewöhnen und trotzdem Ihre Leseleistung verbessern.

● ●

Sind Sie bereit für das erste Geschwindigkeitstraining? Dann legen Sie los!

Augentraining

Für dieses erste Geschwindigkeitstraining lade ich Sie auf einen Ausflug in die schwedische Literatur ein. Es geht hier wirklich ausschließlich darum, dass Sie Ihre Augen trainieren, möglichst schnell von einer Wortgruppe zur nächsten zu springen. Um Verständnis geht es hier gar nicht.

Damit Sie nicht in Versuchung geraten, in den Text einzutauchen, finden Sie den Text in schwedischer Sprache – ich unterstelle Ihnen mal, dass Sie nicht Schwedisch beherrschen. Wenn doch, so versuchen Sie, sich nicht von der Autorin verführen zu lassen!

→ Springen Sie mit dem Auge von Wortgruppe zu Wortgruppe, Zeile für Zeile und so schnell wie möglich, auch wenn große Abstände dazwischen liegen!

→ Ganz wichtig für diese Übung: Versuchen Sie, jede Wortgruppe mit jeweils nur einer Augenfixierung zu erfassen, ohne die einzelnen Wörter zu erkennen.

Ziel sollte sein, diese Seite in weniger als 20 Sekunden zu schaffen! Legen Sie sich eine Stoppuhr zurecht. Wenn Sie länger als 20 Sekunden brauchen, wiederholen Sie die Übung so lange, bis Sie innerhalb dieses Zeitrahmens sind.

Emil i Lönneberga
Va namnet på en pojk
som bodde i Lönneberga.
Han va inte alls så varlig,
utan väldigt envis och stojig.
Men han var väldigt snäll
och hjälpsam när han bara ville.
Han hade stora blå ögon och ljust hår,
och ett runt ansikte med skrattgropar
i kinderna. Det intryck man fick
av Emil när man såg honom, var av en
snäll och go pojke. Det va lätt att tro
att han skulle vara en riktig ängel.
Fast skenet bedrog. Han var fem år gammal
vilket Emil själv tyckte vara väldigt stort.
Han var också mycket stark, mycket starkare än andra pojkar
i hans ålder. Han bodde på en liten gård i Katthult i Lönneberga,
inte långt ifrån Mariannelund. Det ligger i Småland, ett fint landskap
med många sjöar och gårdar som alla är rödmålade med vita knutar.
När Emil pratade så pratade han småländska. Det skiljer sig
från annan Svenska lite. Han sa inte som du och jag
när han letade efter sin mössa. Hans sa:
„Var är min mysse?". „Min mysse är borte".
Hans „mysse", ja det var en liten skärmmössa
Med svart skärm. Han älskade
den mössan och tog med
den överallt. Den hade
hans pappa köpt åt
honom när de var
i Mariannelund en gång.
Men det är en annan
historia.

Für das Augentraining haben wir auch eine spezielle App entwickelt, die Sie zwingt, mit den Augen so rasch wie möglich von einer Zeile zur nächsten zu springen. Für Sie als Leserin bzw. Leser dieses Buchs habe ich einen Gratiszugang geschaffen. Sie benötigen also bloß einen Computer mit Internetzugang und können schon loslegen:

1. Starten Sie Ihren Browser und gehen Sie auf www.brainread.com.
2. Klicken Sie auf Deutsch oben rechts.
3. Klicken Sie auf „BrainRead-Buch".
4. Loggen Sie sich ein. Auf Seite 6 dieses Buches finden Sie einen Passwort-Code, der Sie als Leser berechtigt, sich mit Ihrer E-Mail-Adresse und diesem Code für die Online-Übungen zum Buch zu registrieren.
5. Warten Sie die Bestätigungs-E-Mail ab, klicken Sie auf den Link. Nun sind Sie auf der Seite mit den Übungen gelandet.
6. Klicken Sie auf „Augentraining".

Was Sie nun sehen, ist ein Text und am oberen Rand ein blauer Balken. Wenn Sie auf Start klicken, wird dieser Balken von oben nach unten wandern. Ist er ganz unten, wechselt er auf eine neue Seite und wandert wieder von oben nach unten.

Die Idee ist, dass Sie versuchen, unterhalb des Balkens Zeile für Zeile abzutasten, so schnell Sie können – und ohne den Anspruch, auch nur irgendetwas zu verstehen. Denn auch hier geht es bloß darum, dass Ihre Augen lernen, sich schneller zu bewegen.

1. Sie aktivieren den Balken, indem Sie auf das Play-Zeichen 4 klicken.
2. Versuchen Sie nun, unterhalb des Balkens jede Zeile mit maximal drei kurzen Blick-Fixierungen entlang zu springen.
3. Machen Sie diese Übung zehn Minuten lang. Sie stoppen den Balken mit dem Pause-Zeichen;.
4. Die Geschwindigkeit des Balkens regulieren Sie, indem Sie den kleinen Punkt auf dem Schieberegler des Balkens mit Ihrer Maus verschieben.
5. Erhöhen Sie sukzessive die Geschwindigkeit, sodass Sie sich maximal anstrengen. Die Augen sollen ruhig wehtun: Ohne Fleiß kein Preis! Seien Sie

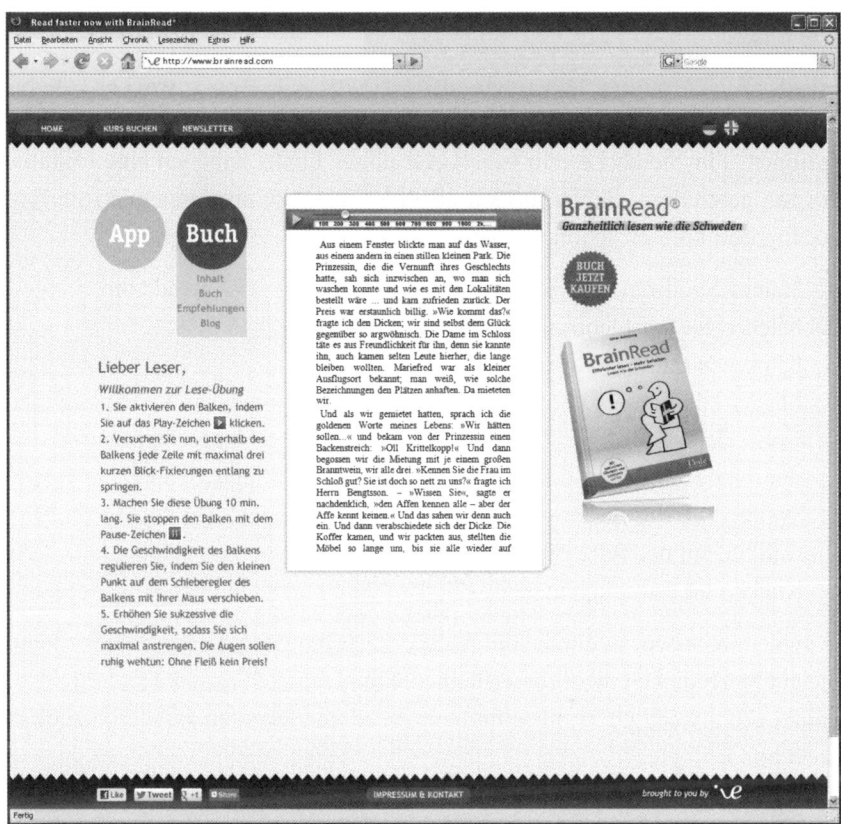

Abbildung 3: Balkenübung auf www.brainread.com

beruhigt, denn es ist wie ein Muskelkater, den Sie immer bekommen, wenn Sie einen neuen Muskel trainieren – er wird schnell wieder vergehen.

Kapitel 3

Lesen wie die Schweden

Skandinavische Kinder lernen ein bisschen anders lesen. Sie erfahren, was Untertitel in Spielfilmen mit der Leseleistung zu tun haben und welche Erkenntnisse Forscher daraus gezogen haben – und wie diese Erkenntnisse Eingang in die Trainingsmethoden gefunden haben, die diesem Buch zugrunde liegen.

Schweden, Norwegen, Finnland – die Länder am nördlichen Rand Europas – werden in Mitteleuropa mit überwältigendem Naturschauspiel verbunden, mit endlosen Wäldern und einsamen Fjorden, umspült von tosendem Meer. Man denkt an ewig lange Winternächte und Sommer, in denen die Sonne nie untergeht. Bilder von Elchen und tausend Seen tauchen auf und roten Holzhäusern mit weißen Kanten, die sich unter Schneewechten ducken. Vielleicht assoziieren Sie auch hohe Selbstmordraten und hohe Lebenshaltungskosten, möglicherweise aber auch lange Geschichtenerzählungen vor dem Kamin in dicken Wollsocken und mit einem Becher heißem Glögg in den Händen.

Das sind natürlich Klischees, keine Frage, doch wie jedes Klischee haben auch diese einen wahren Kern. Ja, skandinavische Länder haben schillernde Königshäuser, und die Königsfamilien werden von den meisten Landsleuten geliebt und verehrt. Man spricht vom *Schwedischen Modell*, wenn man an hohe soziale Absicherung, an bessere Chancengleichheit der Geschlechter und ein vorbildliches Bildungssystem im hohen Norden denkt. Skandinaviern sagt man nach, sie seien offener, toleranter – und sie beherrschten von klein auf gleich mehrere Sprachen, was tatsächlich so ist, denn man wächst mit fremdsprachigen Filmen auf. So erwirbt man sich so nebenbei ein Gefühl für Sprache, das sich im Schulunterricht dann zu einem hohen Fremdsprachenniveau entwickelt. In Schweden und den anderen skandinavischen Ländern ist man tatsächlich mit jedem per Du (nicht nur bei Ikea), es sei denn, man begegnet der Königsfamilie oder dem Sprecher des Parlaments. Jeder andere wäre gekränkt, würde man ihn mit Sie ansprechen, wie das in der deutschen Sprache üblich ist.

Als ich vor etwa zwanzig Jahren von Schweden nach Österreich kam und beschloss zu bleiben, ging es mir zunächst einmal wie jedem, der sich an die Kultur und an gesellschaftliche Usancen anpassen möchte. Ich stellte fest, dass nicht alle Österreicher Schi fahren und täglich im Dirndl oder der Lederhose herumlaufen. Schade eigentlich. Ich lernte die höfliche Sie-Anrede und musste mich daran gewöhnen, dass man im Büro zwischen Vorgesetzten und Mitarbeitern nicht so locker umging, wie ich das in Schweden gewohnt war. Und ich freute mich, dass es überall gutes Bier zu äußerst günstigen Preisen gab. Nun, ich musste eben meine Klischees zurechtrücken.

Ein spezieller Unterschied, der mir zwischen meiner ursprünglichen und meiner neuen Heimat auffiel, ist der Anfang dessen, was Sie hier im Buch lesen. Als ich einen Job in einem internationalen Konzern aufnahm, stellte ich bald erstaunt fest: Irgendwie schienen meine deutschen und österreichischen Kolleginnen und Kollegen anders zu lesen als ich. Ich war immer ein paar Seiten weiter. Es dauerte eine Weile, bis ich dahinterkam, dass es nicht daran lag, dass ich ein so begnadetes Talent zum Lesen hatte. Der Grund ist vielmehr: Ich habe – wie alle schwedischen Kinder – anders lesen gelernt als deutschsprachige Kinder.

Wickie und die Leselust

Tatsächlich schneiden die skandinavischen Länder bei den PISA-Tests regelmäßig überdurchschnittlich ab. Dass sie nicht nur beim Lesen gut sind, sondern auch bei den Mathematik- und Naturwissenschafts-Tests, hängt nicht zuletzt auch wiederum mit dem hohen Leseniveau zusammen. Denn wer eine mathematische Textangabe schnell lesen und vor allem richtig verstehen kann, kann die Aufgabe auch besser lösen.

Warum können nordische Kinder so viel besser lesen, muss man sich fragen. Zum einen wird dem besseren Schulsystem die Verantwortung dafür gegeben. Ja, skandinavische Schulen lassen Kinder und Jugendliche zu selbstverantwortlichen, offenen und neugierigen Menschen heranwachsen, offenbar besser als in anderen Ländern. Lehrer fördern die individuelle Herangehensweise, sodass Kinder dazu angehalten sind, ihren eigenen Weg zur Erreichung ihrer Ergebnisse zu finden. Das macht natürlich viel mehr Spaß und die Kinder sind neugierig und gehen gerne auf Entdeckungsreise. Das wiederum fördert die Leselust insofern, als sie viel motivierter sind, etwas zu lesen, um etwas Neues zu erfahren! Motivation ist ein Motor zum Leseerfolg, das können Sie sicher auch nachvollziehen: Wenn Sie ein Text interessiert, weil Sie etwas lernen wollen oder weil Sie neugierig auf die Sichtweise der Autorin sind, dann werden Sie viel aufmerksamer lesen und daher auch mehr von den Inhalten behalten.

Doch es gibt auch noch einen anderen Grund, warum skandinavische Kinder so gut lesen können. Im Fernsehen und im Kino werden sehr viele Filme in der Originalfassung ausgestrahlt und mit Untertiteln versehen. Das liegt wohl daran, dass zu wenige Menschen nordische Sprachen sprechen. Schweden hat 9,5 Millionen Einwohner, Norwegen knapp 5 Millionen und Finnland etwa 5,4 Millionen. Das ist insgesamt nicht einmal ein Viertel der Einwohner im deutschsprachigen Raum. Es zahlt sich also kaum aus, in Übersetzung und Synchronisation zu investieren.

Was vordergründig als Nachteil gesehen werden kann, zeigt sich jedoch letztlich als ein großer Vorteil. Es gilt als erwiesen, dass damit ein Grundstein dafür gelegt wird, dass Skandinavier so gute Fremdsprachenkenntnisse haben. Und darüber hinaus hilft es den Kindern, schnell zu lesen.

Als ich drei oder vier Jahre alt war, liebte ich die Muppet-Show. Ich sah zu, und weil ich Englisch nicht verstand und die Untertitel auch noch nicht lesen konnte, las sie meine Mutter mir vor. Ich liebte es, an meine Mutter gekuschelt fernzusehen! Mit sieben Jahren kam ich in die Schule und lernte lesen. Somit war es vorbei mit der wunderbaren Welt, meine Mutter beim Fernsehen immer ganz in meiner Nähe zu haben. Sie sagte: Göran, du kannst jetzt schon lesen, lies also die Untertitel selbst, wenn du fernsehen magst. Nun, das war natürlich eine Herausforderung, denn diese Untertitel waren immer so schnell weg. Gleichzeitig wollte ich nicht die ganze Zeit damit vergeuden, den Text zu lesen. Ich wollte die Muppet-Show sehen!

Dieses große Bedürfnis war Motor genug für mich. Nach kurzer Zeit konnte ich ein paar dieser kurz aufblinkenden Wörter lesen, ein Jahr später schaffte ich bereits eine ganze Zeile und schließlich konnte ich den gesamten Text lesen und bekam auch noch genug vom Film mit.

Auf diese Weise lernen alle skandinavischen Kinder wie selbstverständlich, ganzheitlich zu lesen. Das bedeutet: Sie lesen nicht Wort für Wort, denn dafür ist die Zeit zu kurz. Sie lesen in Wortgruppen, und das möglichst schnell, damit das Auge noch Zeit hat, den Film zu verfolgen. Während sie also *Wickie und die starken Männer* sehen, verfolgen sie am Bildschirm, wie zum Beispiel Halvar mit seinem Sohn Wickie schimpft, weil dieser mal wieder grübelt. Und darunter lesen sie den Text, der kurz nacheinander aufscheint:

Hmmm ... Wickie, was soll denn

das dauernde „Hmmm"?

Hör auf damit! Du sagst mir jetzt

auf der Stelle, was du wieder ausbrütest,

verstanden?

Jeder würde sich auf diese Art eine schnellere Lesegeschwindigkeit aneignen, weil das Tempo durch das Ein- und Ausblenden vorgegeben ist und man gezwungen ist, sich zu beeilen. Aus eigenem Antrieb würde man sich nicht so ohne weiteres dermaßen in Stress versetzen lassen! Es hat mich anfangs erstaunt, dass hierzulande wenige Menschen gerne Filme in Originalfassung mit Untertitel sehen mögen – es sei denn, jemand ist Cineast und bevorzugt die Qualität des Originals gegenüber dem synchronisierten Film oder möchte seine Fremdsprachenkenntnisse auf dem Laufenden halten.

Erlesene Forschungsergebnisse

Filme mit Untertiteln fördern die Lesegeschwindigkeit

Für Skandinavier ist es selbstverständlich, Filme mit Untertiteln zu sehen – Deutsch-Sprechende meiden sie vorwiegend, weil es für sie anstrengend ist, dem Film zu folgen und Untertitel zu lesen. Nun, wer Wort für Wort liest, kommt auch nicht weit. Die schwedische Universität in Lund hat sich des Phänomens des Untertitel-Lesens angenommen. Ihr verblüffendes Ergebnis: Schweden verbringen im Schnitt nur fünf Prozent der Zeit für das Lesen der Untertitel.[13]

Im Vergleich dazu schneiden andere Länder ziemlich schlecht ab: Laut einer Studie der Universität Triest brauchen Italiener für das Lesen von Untertiteln 67 Prozent.[14] Die Iren benötigen 49 Prozent der Zeit[15], Spanier 74 Prozent[16], Amerikaner 87 Prozent[17]. Spitzenreiter in dieser Disziplin des Langsamlesens sind die Briten mit 88 Prozent. Umgekehrt bedeutet das: Während Schweden 95 Prozent der Zeit dem Film widmen können, haben Briten nur schwache zwölf Prozent zur Verfügung. In allen diesen Ländern werden keine Original-, sondern nur synchronisierte Filme gezeigt. Es ist also offenbar ein großer Vorteil, wenn das Auge von klein auf gezwungen ist, den Text so schnell wie möglich zu verfolgen.

Für das Lesetraining sind diese Ergebnisse von großer Bedeutung. Wer gezwungen wird, von einer Zeile zur nächsten zu springen, trainiert das Auge und das Gehirn ganz wunderbar. Das ist auch der Grund, weshalb es im BrainRead©-Lernkonzept die Balkenübungen gibt, die Sie auf der Website zu diesem Buch finden. Auch wenn Sie bei dieser Übung anfangs das Gefühl haben, sie wäre völlig sinnlos, weil Sie ja doch kein Wort verstünden, so lege ich sie Ihnen dennoch sehr ans Herz. Denn in etwa so geht es den skandinavischen Kindern zu Beginn auch. Sie verstehen vielleicht nicht viel, aber das Auge wird darauf getrimmt, ganz schnell die Zeilen entlangzuspringen, und das ist eine wichtige Basis für schnelles Lesen. Das zeigen auch die Studien.

Dass Untertitel die Lesekompetenz fördern, haben sich zum Beispiel die Inder zunutze gemacht. Indien ist ein Land mit einem immer noch hohen Analphabetismus von etwa 35 Prozent und einer hohen Armutsrate. Nicht alle Kinder haben die Möglichkeit, eine Schule zu besuchen. Eine Nonprofit-Organisation namens PlanetRead, die sich der Alphabetisierung und Lesekompetenz-Entwicklung weltweit annimmt, startete gemeinsam mit der indischen Filmindustrie ein Experiment, in dessen Zentrum das so genannte *Same Language Subtitling* stand. Man produzierte heimische Filme in eigener Sprache und versah sie mit Untertitel. So konnten alle das, was sie in ihrer Sprache hörten, gleichzeitig mitlesen. Bollywood produzierte diese Filme samt Untertitel in den sechs größten indischen Landessprachen, um der gesamten Bevölkerung auf einfache und kostengünstige Art das Lesen beizubringen.

Das Ergebnis war höchst bemerkenswert: In der Zeit zwischen 1999 und 2003 konnte der Anteil der schulpflichtigen Kinder, die nicht lesen konnten, halbiert werden. Die Lesefähigkeit der Erwachsenen stieg, weshalb mehr Menschen bessere Berufschancen wahrnehmen konnten. Auch die Zeitungsverlage konnten sich freuen: Bis zu 30 Prozent mehr Menschen lasen Zeitung.

150 Millionen Menschen konnten durch die simple Methode des *Same Language Subtitling* zum Lesen befähigt werden, verkündete das *Indian Institute of Management* stolz. Und auf einer Tagung von PlanetRead brachte der ehemalige amerikanische Präsident Bill Clinton auf den Punkt, was das Experiment in Indien so eindrucksvoll demonstrieren konnte: „Eine kleine Sache, die eine unglaubliche Auswirkung auf das Leben so vieler Menschen hat."[18]

Wie dringend wir auch in den entwickelten Ländern eine möglichst hohe Lesekompetenz brauchen, zeigen die folgenden Untersuchungen. Das McKinsey Global Institute hat im Jahr 2012 herausgefunden, dass Büroarbeiter in den USA, Deutschland, Frankreich und Großbritannien für das tägliche Lesen und Beantworten von E-Mails und Suchen von Informationen im Durchschnitt 5,6 Stunden aufwenden.[19] Eine weitere Studie greift diese Ergebnisse auf und verarbeitet ähnliche Untersuchungen in einem Ländervergleich: Die *Association for Better Reading* vergleicht den Leseaufwand in Schweden, Großbritannien und Österreich. Auch sie beziehen sich auf so genannte *Wissensarbeiter*: Managerinnen, Verkäufer, Wissenschaftler – kurz gesagt alle Menschen, für die Wissen und das effiziente Verarbeiten von Informationen eine entscheidende Ressource sind, die viel zu kommunizieren haben und Entscheidungen treffen müssen. Die Autoren dieser Studie haben die tatsächliche Leseleistung über den gesamten Tag gestoppt und auch dann gemessen, wenn es nur kurze Zeitintervalle waren, wie zum Beispiel das Lesen zwischendurch, während wir etwas schreiben, oder das Lesen einer PowerPoint-Präsentation während eines Vortrags etc. Sie können sich vorstellen, dass sie recht oft den Zeitmesser betätigen mussten, denn ganz ehrlich: Wann liest man denn eigentlich nicht?

Das Ergebnis zeigt wieder einmal Schweden auf dem obersten Rang, wie Sie in Abbildung 4 sehen können:[20] Schweden verbringen nur etwa zwei Drittel jener Zeit mit dem Lesen, die Österreicher dafür benötigen. Man kann annehmen, dass es in Deutschland ähnlich ist. Großbritannien rangiert im Mittelfeld. Und das, obwohl sie alle unter einer gleich hohen Informationsüberflutung leiden. Die Conclusio der Studie: Schweden lesen wohl anders, in jedem Fall effizienter, und sind schneller bei der Informationsgewinnung.

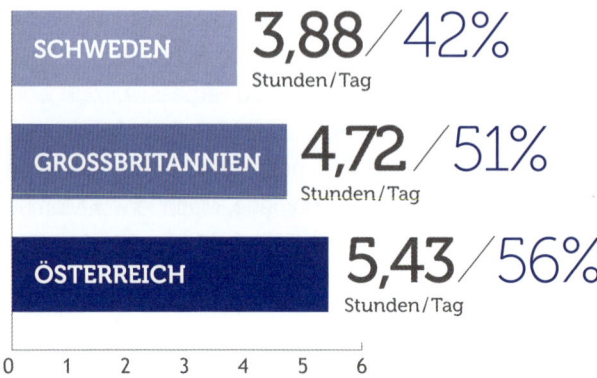

Abbildung 4: Lesezeit pro Arbeitstag

Diese Beobachtung teilt auch Frau Dr. Louise Limberg von der University of Borås in Schweden. Sie entdeckte, dass Studenten in schwedischen Schulen Informationen auf viel anspruchsvollere Weise suchen. Sie sind in der Lage, Wissen aus vielen verschiedenen Informationsquellen zusammenzufügen, und können damit komplexe Zusammenhänge besser herstellen, als dies deutsche und österreichische Studenten schaffen. Die guten Ergebnisse erreichen sie nicht durch einfache Reproduktion von Wissen, also nicht, indem sie auswendig Gelerntes heruntersagten, sondern deshalb, weil sie den Lernstoff verstanden und richtig interpretieren konnten.[21]

Lesen ist also in höchstem Maß die aktive Filterung von Informationen aus einem großen Volumen an Wissen. Wenn wir den Inhalt eines Buchs aufnehmen, so geht es nicht darum, dass wir jedes Wort auswendig lernen. Vielmehr müssen wir Wesentliches von Unwesentlichem unterscheiden können und nur jene Informationen behalten, die wir für die Arbeit brauchen.

Auch daraus lassen sich wichtige Erkenntnisse für das Lesetraining ziehen: Es ist überhaupt nicht notwendig, jedes einzelne Wort genau zu lesen. Das hält nur unnötig auf! Daher wird in diesem Buch auch auf diese Tatsache großen Wert gelegt: Wort-für-Wort-Lesen ist out, Wortgruppen-Lesen ist in!

●●

LESEN HEISST, DIE WICHTIGEN INFORMATIONEN ZU FILTERN

Eines der am meisten verbreiteten Missverständnisse ist, dass Lesen mit Lernen gleichgesetzt wird. Das ist einer der Gründe dafür, dass Sie Scheu davor haben, schneller über die Wörter zu fliegen. Sie meinen, etwas zu verpassen, nicht jedes Wort exakt aufnehmen zu können.

Doch Lesen ist im Grunde nichts anderes, als Informationen zu filtern. Aus einem großen Teich voller dicker Fische angeln Sie sich nur jene, die Ihnen im Moment am besten schmecken: die Sie brauchen, um eine Entscheidung zu treffen oder um an Ihrem Projekt weiterzuarbeiten.

Von allen Leseanlässen ist jener des Lernen-Wollens im Grunde die Ausnahme. Im letzten Kapitel des Buches können Sie sich einige hilfreiche Strategien abholen, die speziell auf das Lernen abzielen.

●●●

Regressionen, leises Mitlesen, wortweises Lesen hält auf

So, wie das Phänomen des nordischen Lesens unter die Lupe genommen wurde, untersuchte man auch das Leseverhalten jener Menschen, die viel langsamer lesen. So wissen wir bereits seit den 1980er Jahren, dass unsere Augen nicht linear von links nach rechts und von oben nach unten über die Seiten wandern. Oft kommt es zu so genannten *Regressionen*: Das Auge springt in der Zeile oder gar im Absatz immer wieder zurück und liest erneut, was es doch gerade eben gelesen hat. Es ist einleuchtend, dass uns diese Regressionen aufhalten, nicht wahr? Das ist, als würde ein Marathon-Läufer Extrarunden um jeden Laternenpfahl drehen, der ihm auf der Strecke begegnet. Regressionen verschlechtern die Leseleistung gleich in zweierlei Hinsicht. Zum einen kommen Sie nicht so schnell voran. Zum anderen verhindern Sie, dass ein Satz in seinem kontinuierlichen und logischen Aufbau im Gehirn ankommt. Der Effekt: Die Verständlichkeit leidet.[22]

Ein weiteres Phänomen haben Forscher herausgefunden, das Ihnen ebenso wenig bewusst sein wird wie das Zurückspringen auf bereits gelesene Textstellen: Sie lesen mit Ihrer eigenen Stimme mit. Das wird meistens leise sein, also nur mit einer inneren Stimme. Manche Menschen bewegen aber auch den Mund dabei oder murmeln sogar. *Subvokalisieren* nennt das die Fachwelt. Auch das reduziert das Lesetempo und – wie wir im nächsten Kapitel ausführen werden – auch das Verständnis.[23]

Noch einen dritten wesentlichen Hemmschuh haben Wissenschaftler festmachen können: Menschen, die langsam lesen, fixieren oft nur ein Wort nach dem anderen. Je größer die *Wahrnehmungsspanne*, also je mehr Wörter jemand gleichzeitig mit einer Augenfixierung aufnehmen kann, desto schneller ist er beim Lesen. Nun, wir haben es leider so gelernt, ein Wort nach dem anderen zu fixieren (und möglicherweise auch mit einer inneren Stimme mitzusprechen). Doch das muss nicht sein. In Kapitel 2 haben Sie bereits erfahren, dass Ihre Augen viel mehr leisten können, als Sie glauben.

Gerade in den letzten Jahren haben sich viele Studien mit der Wahrnehmungsspanne auseinandergesetzt. Dass man mit breiterer Wahrnehmungsspanne auch schneller liest, diese Meinung hat sich durchgesetzt. Ich bin sicher, dass Sie das nachvollziehen können.[24] Dank immer besser werdender Technologie und entsprechend ausgereifter Messgeräte sind die Studienergebnisse immer exakter geworden. Wo früher umständliche Apparaturen herangezogen wurden, halten heute zum Beispiel computergesteuerte Eye-Tracking-Verfahren exakt Positionierung, Dauer und Richtung von Augenbewegungen beim Lesen fest. Diese Messungen sind heute nicht einmal mehr teuer.

Moderne Lesetechniken und Trainingsmethoden knüpfen an all diese Erkenntnisse an: Sie zielen ab auf das Training der Augenmuskeln und das verbesserte Wahrnehmen von Wortgruppen. Und so sieht das Trainingskonzept aus, das ich für meine BrainRead©-Seminare entwickelt habe. Es wird – analog zu den Forschungsergebnissen – im Wesentlichen von zwei Säulen getragen:

1. Augentraining: Einerseits geht es darum, Ihre Augen tatsächlich wie einen Muskel zu fordern und aufzubauen. Bei diesen Trainingseinheiten geht es nicht um Verständnis, sondern ausschließlich darum, Ihre Augen an eine höhere Bewegungsgeschwindigkeit zu gewöhnen. Sie haben in diesem Kapitel einiges über das Wunderwerk Auge erfahren und wissen, dass es von Muskeln gesteuert wird. Diese Muskeln trainieren wir, sodass wir immer schneller von

Zeile zu Zeile hüpfen können. Wie das geht, erfahren Sie ein Stück weiter unten bei unserem ersten Augentraining.

Wer von Ihnen Sport betreibt oder es zumindest mal versucht hat, weiß: Man wird beim Tennis, Surfen, Radfahren oder Schwimmen nur dann besser, wenn man regelmäßig übt. Besonders wenn man mit einer neuen Sportart beginnt, ist es wichtig, in kürzeren Abständen regelmäßig zu trainieren. Wer bereits nach drei Wochen Fitness-Center gleich wieder einen Monat pausiert, baut ganz schnell die mühsam erworbenen Muskeln wieder ab und muss von vorne beginnen. Wer allerdings dreimal in der Woche trainiert und über Monate durchhält, baut zügig Muskelmasse, Koordination oder Geschwindigkeit auf und freut sich, weil er erste Leistungssteigerungen schon sehr rasch erkennen kann.

Genauso ist es auch beim Augentraining. Wenn Sie bei der ersten Trainingseinheit mitmachen und dann nicht mehr, weil Sie sich denken, dass Sie das nun schon kennen, werden Sie beim Lesen nicht wirklich schneller werden. Trainieren Sie also regelmäßig, Sie werden sehen, dass Sie sehr davon profitieren!

2. Gehirnjogging: Andererseits üben wir natürlich auch, bei höherer Geschwindigkeit mehr Wörter aufnehmen zu können und dabei so viel wie möglich zu verstehen. Dabei geht es weniger um Muskelkraft, dafür mehr darum, dem Potenzial Ihres Gehirns entgegenzukommen. Beides, sowohl das Augentraining als auch das Gehirnjogging, ist gleich wichtig und gleich effektiv für Ihren Lernerfolg. Ab dem nächsten Kapitel 3 werde ich Sie immer wieder zu solchen Übungen einladen.

Wenn wir schon vom Training sprechen: Hiermit lade ich Sie ein zur zweiten Trainingseinheit in diesem Buch. Den Sinn der Augentrainings bzw. des Balkentrainings können Sie nun am Ende dieses Kapitels vermutlich noch viel besser verstehen. Im Grunde simulieren wir damit, wie skandinavische Kinder Untertitel lesen: Die Geschwindigkeit, zu der Sie gezwungen werden, wird in diesem Fall nicht von den Filmproduzenten vorgegeben, sondern vom Balken.

Hier ist die zweite Runde Geschwindigkeitstraining für Ihre Augen. Es geht nach wie vor ausschließlich darum, dass Sie Ihre Augen trainieren, möglichst schnell von einer Wortgruppe zur nächsten zu springen. Um Verständnis geht es hier gar nicht und der Text ist ohnehin wieder in schwedischer Sprache – Sie werden also gar nicht erst zum Verstehen verführt.

→ Springen Sie mit dem Auge von Wortgruppe zu Wortgruppe, Zeile für Zeile und so schnell wie möglich, auch wenn große Abstände dazwischen liegen.

→ Ganz wichtig für diese Übung: Versuchen Sie jede Wortgruppe mit jeweils nur einer Augenfixierung zu erfassen, ohne die einzelnen Wörter zu erkennen.

→ Ziel sollte sein, diese Seite diesmal in weniger als 18 Sekunden zu schaffen! Legen Sie sich eine Stoppuhr zurecht. Wenn Sie länger als 18 Sekunden brauchen, wiederholen Sie die Übung so lange, bis Sie innerhalb dieses Zeitrahmens sind.

Emil
glad
mössa,
gång han
frågade han
„Var är mi mysse?",
när det var
Emils mamma,
att Emil sov
Hon la den alltid
när Emil gjorde
kom alltid på det,
„Var är mi mysse?",
hörde det klar och tydligt,
Emils hår var ju redan väldigt rufsigt,
tyckte hans mamma. Emils lillasyster
Hon skrattade åt Emil där hon låg i
Så sov många barn, och även
inte var sin säng, som idag.
med huvudena år olika håll
på varandras fötter.
lyftes upp och ner
när han sov,
ibland av att
mössan kittlade
När Ida fnissade
så vaknade
som sov
på vedlådan.
hon Emils
och lade
sidan. Men
ifall han

var
åt sin
och varje
gick till sängs
efter sin mössa.
frågade han
läggedags.
gillade inte
med mössan på.
på hatthyllan i farstun,
sin toalett. Men han
och skrek med full hals,
så alla i hela omnäjden
att nu var det Emils läggedags.
så det kanske inte gjorde så mycket
Ida hade alltid kul åt Emils utbrott.
köksoffan bredvid honom i fotskav.
vuxna, på den tiden. Man hade
Istället låg man i samma säng
så att man kunde titta
När Emils mössa, sakta
av hans andetag
så vaknade Ida
hans skärm på
hennes fötter.
i sömnen
pigan
i köket
Då tog
mössa
den åt
ve henne
vaknade!

Balkenübung: Augentraining mit der App

In Kapitel 2 haben Sie bereits von der Möglichkeit erfahren, auf der Website www.brainread.com die so genannte Balkenübung durchzuführen, um Ihre Augen auf Geschwindigkeit zu trainieren. Ich schlage vor, dass Sie nun ein weiteres Mal zehn Minuten lang Ihre Augen mit der Balkenübung trainieren.

Wenn Sie auf den Balken klicken, können Sie seine Geschwindigkeit einstellen, indem Sie den kleinen Punkt auf dem Schieberegler ein Stück nach rechts verschieben. Bitte erhöhen Sie das Tempo diesmal noch ein Stück. Auch während der zehn Minuten, in denen Sie Ihre Augen trainieren, stoppen Sie immer wieder kurz den Balken, um die Geschwindigkeit zu erhöhen. Sie wissen, wie das im Fitness-Center ist: Steigerungen erreichen Sie nur, wenn Sie nach und nach mehr Gewicht auf die Hanteln hängen. Das gilt auch für dieses Augentraining!

Wenn Sie merken, dass Ihnen die Augen wehzutun beginnen, ist das schon in Ordnung. Keine Angst, Sie schaden Ihren Augen mit diesen Übungen ganz bestimmt nicht. Im Fitness-Center bekommen Sie schließlich auch Muskelkater!

Bei der nun folgenden Übung geht es darum, dass Sie – ähnlich wie skandinavische Kinder – ganz schnell von einer Wortgruppe zur anderen springen und möglichst schnell den Sinn erfassen.

Bitte nehmen Sie einen Stift zur Hand und eine Stoppuhr. Auf der nächsten Seite finden Sie nun Wörter in fünf Spalten gegliedert, mit denen Sie wie folgt vorgehen:

→ Gehen Sie Zeile für Zeile so schnell wie möglich durch und vergleichen Sie die Wörter. Identifizieren Sie exakt übereinstimmende Wörter pro Zeile und markieren Sie sie mit dem Stift.

→ In der linken Spalte steht das Ausgangswort. Rechts daneben haben Sie vier weitere Wörter in der Zeile, von denen eines, mehrere oder auch gar keines mit dem linken Wort übereinstimmen können. Achten Sie dabei auch auf die Rechtschreibung, denn es kann zum Beispiel das zu suchende Wort „wohl" lauten, also kleingeschrieben, weiter rechts finden Sie dann das Hauptwort „Wohl" – in diesem Fall haben Sie keine Übereinstimmung!

→ Versuchen Sie, ähnlich wie bei der Balkenübung, mit Ihrem Blick nur von links nach rechts und nur von oben nach unten zu springen. Vermeiden Sie, mit Ihren Augen wieder zurückzuspringen, auch wenn Sie meinen, nachträglich einen Fehler entdeckt zu haben.

→ Notieren Sie die Zeit, die Sie für die Übung gebraucht haben.

→ Prüfen Sie dann, ob Sie alle Übereinstimmungen richtig identifiziert haben. Für jede nicht gefundene Übereinstimmung gibt es einen Punkt, für jedes fälschlicherweise markierte Wort ebenso. Notieren Sie auch die Anzahl der Fehler.

gut	gut	Gut	geht	schlecht
Sumpf	sanft	Schlumpf	Sumpf	Strumpf
Ball	Hall	Knall	Fall	Ball
ober	unter	ober	zwischen	drein
Stern	Fluss	Meer	See	Stern
Wein	Wein	Stein	Saft	Kraft
Heim	Haus	Heim	Reim	Schleim
schnell	rasch	flux	schnell	geschwind
Ruf	Ruf	Huf	Schuh	Hall
kühl	früh	froh	schwül	kühl
Berg	Kreuz	Höh	Berg	Gams
Lohn	schon	Lohn	Fron	Föhn
Maus	Maus	Mus	Käs	Maus
Gier	Geld	Schlund	Gold	Gier
Sprung	Schwung	Flug	Sprung	Zeug
und	aber	und	wenn	doch
klein	fein	mein	klein	Kleid
Sand	Sand	Land	Rand	Pfand
ich	du	er	sie	ich
es	es	it	el	es
Hund	Wolf	Hund	Fuchs	Reh
Huhn	Ei	Hang	Huhn	Heft
stark	Quark	schwach	shark	Stuck
Mal	Mal	Plus	Minus	Durch
weg	Weg	weg	fort	Wort

Notieren Sie die Zeit: _____ Anzahl Fehler: _____

Wie ist es Ihnen bei dieser Übung ergangen? Wenn Sie ganz ehrlich zu sich selbst sind, stellen Sie bestimmt fest, dass Sie manchmal wieder eine Zeile zurückgesprungen sind. Zum Beispiel, weil Ihnen zu spät aufgefallen ist, dass Sie eine Übereinstimmung gesehen haben, die gar keine war. Oder weil Sie vergessen haben, ein Wort zu markieren. Das sollten Sie nicht machen. Es ist bei dieser Übung besser, ein paar Fehler mehr zu haben, als langsam zu sein!

Die Idee ist, dass Sie ganz konsequent, in jeder Zeile mit Ihrem Blick fünf Sprünge machen. Sobald Sie eine Übereinstimmung erkannt haben, markieren Sie das Wort mit einem flüchtigen Häkchen. Das reicht auch schon. Fürs Erste war diese Übung aber schon mal ganz gut, nicht wahr? Und das war erst der Anfang!

Versuchen Sie es gleich nochmal mit den nächsten beiden Textblöcken. Sie finden zunächst Zahlenkombinationen und anschließend Buchstaben. Stoppen Sie wieder die Zeit und zählen Sie nach jedem Block die Fehler. Dann vergleichen Sie: Sind Sie schneller geworden? Waren Sie gleich schnell? Oder langsamer, haben dafür aber keine Fehler gemacht? Wenn Letzteres auf Sie zutrifft, dann waren Sie nicht schnell genug. Wie gesagt: Die Geschwindigkeit Ihrer Augen und Ihres Gehirns steht bei diesen Übungen im Vordergrund. Fehler dürfen daher absolut sein!

304	182	695	725	304
176	285	390	176	407
341	562	341	708	961
326	326	408	987	123
707	495	381	707	602
181	181	550	839	276
222	579	222	301	834
433	128	256	512	433
855	328	470	855	216
119	119	493	628	541
413	625	807	413	295
380	915	380	640	187
625	193	444	890	625
652	625	114	652	369
441	963	441	504	999
114	121	144	169	114
500	500	300	400	600
413	143	314	431	413
931	820	719	931	608
524	209	524	987	111
321	584	312	693	160
223	446	882	220	223
654	293	654	816	534
332	664	228	442	332
987	634	159	987	204

Notieren Sie die Zeit: _____ Anzahl Fehler: _____

zrp	klb	zrp	jkl	crp
oko	oko	jek	rip	knx
pll	mül	pll	ler	pli
iks	ikz	jks	iks	jks
dlo	tla	dlo	tla	nüx
rkn	rkn	bch	kpf	fss
fgs	eph	khe	fgs	aes
mrk	mrk	bck	flk	zrk
gnl	pft	pts	chü	gnl
hoi	hoi	str	ueh	ooh
aaa	bbb	ccc	ddd	aao
gua	san	rho	nik	gua
yep	joh	yep	oho	öha
zah	zah	hgx	wwr	len
cas	hge	ldx	cas	rpk
kny	jän	lyg	kny	ggn
huh	huu	huh	uuh	uho
vax	vax	pah	bih	yhr
znx	zxn	nzx	znx	xzn
hel	leh	lhe	hel	het
abc	def	abc	abe	zee
wai	wai	nax	kex	tug
kle	beb	and	ebe	kle
mir	san	mir	ern	bai
hue	hue	sdh	när	aij

Notieren Sie die Zeit: _____ Anzahl Fehler: _____

Nordic Reading Schritt für Schritt

Nun machen Sie es den Schweden nach und lernen Sie, schnell zu lesen. Sie erfahren, wie Ihre innere Stimme Sie behindert und wie Sie Ihre Augen dazu zwingen, nur nach vorn zu schauen. Sie bekommen viel Gelegenheit zu üben, wie Sie ganze Wortgruppen mit einem Blick fixieren und verstehen können.

S tellen Sie sich vor, Sie begegnen auf der Straße einem Mann in den besten Jahren. Er ist groß, hat dichtes Haar und sieht aus, als könnte er Bäume ausreißen – und er sitzt auf einem knallroten Kinderfahrrad mit Seitstützen. Sie trauen Ihren Augen nicht: Er sitzt auf diesem kleinen Sattel, die Knie auf Ohrenhöhe, damit er in die Pedale treten kann. Die Arme hat er zwischen seinen Beinen zum Lenker nach vor gestreckt, um zu steuern. Verbissen müht er sich ab, um voranzukommen, was natürlich nur sehr langsam gelingt. Das arme Rad ächzt unter der Last und quietscht bei jedem Pedaltritt. Was um alles in der Welt tut dieser Mann hier? Warum hat er nicht ein großes Fahrrad?

Die Art, wie die meisten Menschen lesen, lässt sich gut mit dem Fahren auf einem Kinderrad vergleichen. Sie können lesen, klar. Doch Sie lesen, als würden Sie auf einem Kinderrad mit Stützrädern fahren. Mit drei Stützrädern noch dazu:

→ Stützrad 1: Subvokalisierung. Ihre innere Stimme liest immer mit.

→ Stützrad 2: Regressionen. Sie springen mit den Augen immer wieder in der Zeile oder im Absatz zurück.

→ Stützrad 3: zu viele Fixierungen. Sie lesen ein Wort nach dem anderen und haben daher zu viele Augenfixierungen pro Zeile.

Im Verlauf dieses Kapitels werden Sie jedes Stützrad näher betrachten. Sie werden sie identifizieren, ihre Grenzen erkennen und daran arbeiten, dass Sie eines nach dem anderen ablegen können. Auf die Art und Weise werden Sie beim Lesen schneller und werden auch mehr verstehen.

Bringen Sie Ihre innere Stimme zum Schweigen

In der Schule haben wir Lesen immer nur in Kombination mit der Stimme gelernt. Wir haben Buchstaben einem Ton zugeordnet. Indem wir Silben zu Wörtern verbanden, fügten wir Töne zu Gesprochenem zusammen. So entwickelte sich unsere innere Stimme – und die blieb uns erhalten.

Die logische Schlussfolgerung: Wir können nie schneller lesen als wir sprechen. Der europäische Leseschnitt von 200 bis 240 Wörtern pro Minute entspricht auch der Geschwindigkeit, in der wir sprechen – egal in welcher Sprache. Möglicherweise ist Ihnen aufgefallen, dass Sie etwas schneller lesen als gesprochen wird, etwa wenn jemand etwas vorliest und Sie den Text mitlesen. In dem Fall sind Sie vielleicht immer eine Zeile weiter als der laut Vorlesende. Doch viel mehr als zehn Prozent schneller als das Gesprochene werden Sie nicht sein.

Was schätzen Sie, wie sehr brauchen Sie diese innere Stimme, um zu verstehen, was Sie lesen? Sie werden sich die Antwort schon denken können: im Grunde genommen gar nicht. Wenn Sie auf der Autobahn mit 130 Stundenkilometer unter einem Wegweiser durchfahren, erfassen Sie in einem Bruchteil einer Sekunde den Namen der Stadt, in die Sie wollen. Da hat Ihre innere Stimme gar keine Chance. Und trotzdem wissen Sie, ob Sie bei der nächsten Abfahrt abzweigen müssen oder nicht. Diese Erfahrung entspricht auch dem, was Forscher in Bezug auf die Gehirnareale herausgefunden haben, die beim Lesen eine Rolle spielen: Jener Bereich, der Stimmbänder, Zunge und Lippen steuert, trägt rein gar nichts zum Verständnis eines Textes bei (siehe auch Kapitel 2).

Es ist also notwendig, Ihre innere Stimme loszuwerden – oder sie zumindest leiser zu stellen oder nur ab und zu zu Wort kommen zu lassen. Wie das geht? Nun, wir haben alle leider keinen Schalter, mit dem wir sie zum Schweigen bringen können. Der einzige Weg ist, sie auszutricksen: Sie müssen schneller lesen lernen, dann kommt sie nicht mehr mit!

Wenn Sie die bisherigen Augenübungen und Augentrainings mitgemacht haben, dann haben Sie schon etwas dazu beigetragen, Ihre innere Stimme zu eliminieren. Machen Sie weiter so!

• •

NÜTZEN SIE JEDE MÖGLICHKEIT ZUM AUGENTRAINING

Ihre innere Stimme hält Sie auf beim Lesen. Sie wird nur dann leiser und verschwindet weitgehend, wenn Sie Ihr Tempo steigern. Das ist der einzig sinnvolle Weg. Daher:

• Schicken Sie Ihre Augen regelmäßig in die Muckibude. Machen Sie so oft wie möglich Augentraining – mit den in diesem Buch vorgeschlagenen Übungen und der Balkenübung, die Sie auf der Website zum Buch www.brainread.com finden.

- Es gibt noch eine Alternative: Nehmen Sie ein beliebiges Buch zur Hand, schlagen Sie es irgendwo in der Mitte auf. Dann drehen Sie es um, sodass Sie die Wörter nicht erkennen können (und damit auch nicht in Versuchung geraten, die Wörter zu subvokalisieren). Nun tasten Sie mit Ihren Augen Zeile für Zeile ab. Machen Sie pro Zeile etwa drei Fixierungen: links, in der Mitte und rechts.
- Auch das Gehirnjogging hilft Ihnen, schneller zu werden und damit die innere Stimme zum Schweigen zu bringen. Machen Sie mit bei den Übungen, Sie werden bald einen tollen Effekt bemerken!

Augentraining

Hier ist die dritte Runde Geschwindigkeitstraining für Ihre Augen. Wiederum geht es nur um Augentraining, möglichst schnell von einer Wortgruppe zur nächsten zu springen. Diesmal ist der Text in Deutsch, und er ist etwas länger. Trotzdem:

→ Springen Sie mit den Augen von Wortgruppe zu Wortgruppe, Zeile für Zeile und so schnell wie möglich.

→ Ganz wichtig für diese Übung: Versuchen Sie, jede Wortgruppe mit jeweils nur einer Augenfixierung zu erfassen, ohne die einzelnen Wörter zu erkennen.

Ziel sollte sein, diese Seite in weniger als 22 Sekunden zu schaffen! Legen Sie sich eine Stoppuhr zurecht. Wenn Sie länger als 22 Sekunden brauchen, probieren Sie einmal, das Buch auf den Kopf zu stellen und den Text verkehrt zu erfassen! Wiederholen Sie die Übung so lange, bis Sie innerhalb dieses Zeitrahmens sind.

Halten Sie Ihre Stoppuhr bereit? Okay. Es geht los!

Emil war ein Junge von fünf Jahren. Er lebte
mit seinen Eltern in Lönneberga, das ist ein Dorf
in Småland im Süden Schwedens. Auf ihrem Hof Katthult
wohnte er mit seiner Mutter Alma und seinem Vater,
der Anton Svensson hieß. Er hatte noch eine Schwester
namens Ida, die jünger war als er. Auf ihrem Hof lebten
noch Alfred, der Knecht, und Lina, die Magd.
Natürlich hatten sie viele Tiere am Hof: Pferde und Kühe,
Hühner, Schweine und Schafe sowie eine Katze und einen Hund.

Emil war stark wie ein Stier, er hatte große blaue Augen und helles, wolliges Haar.
Wenn er schlief, sah er aus wie ein Engel. Doch das täuschte.
Denn Emil hatte nur Unsinn im Sinn.

Weißt du, von wem hier die Rede ist? Genau:
Du kennst diesen Jungen unter einem anderen Namen.
Denn in Deutschland heißt Emil nicht Emil, sondern Michel!
Warum das Buch bei uns „Michel aus Lönneberga" heißt?
Das kam so: Als Astrid Lindgren dieses Buch schrieb,
gab es bereits ein anderes Kinderbuch, das sehr berühmt war.
Es hieß „Emil und die Detektive" von Erich Kästner.
Wahrscheinlich wollte man nicht, dass man diese
beiden Bücher verwechselte. Daher wurde „Emil von Lönneberga"
kurzerhand einfach umbenannt in „Michel von Lönneberga".

Ich glaube nicht, dass man ihn gefragt hat. Und Astrid Lindgren
wird wohl nur den Kopf geschüttelt haben. Denn eines
ist natürlich sicher: Egal, ob Emil oder Michel,
wir mögen ihn mit all seinen Streichen.

Balkenübung: Augentraining mit der App

In Kapitel 2 und 3 hatten Sie bereits Gelegenheit, die Balkenübung auf der Website www.brainread.com zu machen. Üben Sie nun ein weiteres Mal zehn Minuten lang Ihre Augen mit Hilfe der Balkenübung.

Steigern Sie die Geschwindigkeit des Balkens wiederum um ein Stück. Dies soll für Ihre Augen kein bequemer Spaziergang sein! Je härter Sie trainieren, desto besser. Klicken Sie also auf den Balken und verschieben Sie den Regler ein Stück nach rechts.

Gehirnjogging

Sie erinnern sich? Ihr Gehirn ist bei Weitem nicht ausgelastet, wenn Sie lesen. Daher schicken Sie es noch einmal zum Joggen. Hier kommen wieder Wörter, Zahlen- und Buchstabenkombinationen, die Sie so schnell wie möglich wiedererkennen sollen.

Diesmal sollten Sie sich so sehr unter Druck setzten, dass Sie mindestens drei Fehler in jeder der folgenden Übungen machen. Ja, Sie lesen ganz richtig. Denn fehlerfrei sind Sie vermutlich nur, weil Sie immer noch mit Ihren Augen zurückspringen, um sich zu vergewissern, dass alles richtig ist. Wenn Sie sich dazu zwingen, Fehler zu machen, erkennen Sie viel besser, wann Sie den Drang spüren, zurückspringen zu wollen. Diese Rücksprünge kosten nur Zeit und tragen zur keinem besseren Verständnis beim Lesen bei. Wenn Sie nun schneller sind als letztes Mal und mindestens drei Fehler erreichen, haben Sie höchstwahrscheinlich auch keine Regressionen mehr gemacht. Probieren Sie es aus – es ist tatsächlich gar nicht so einfach, sich um Fehler zu bemühen!

Zücken Sie Stift und Stoppuhr. Es kann losgehen!

Breitband	Jazzband	Breitband	Internet	weitreich
Fußball	Überfall	Fußbad	Fußball	überall
Honigtopf	Haarzopf	Megazoff	Braunbär	Honigtopf
Oper	Opa	Oma	Oper	Omar
Tenor	Tenor	Toner	Sensor	Noten
hurra	Großzar	hurra	Harry	Heimat
Aufruf	Aufzug	Abgang	Aufruf	Luftzug
Gangart	Gangway	Mozart	Musik	Gangart
Bühne	Sühne	Kühne	Bühne	Hühne
Gedicht	Gesicht	Gischt	Lyrik	Gedicht
Hebel	Knebel	Knödel	Wedel	Wadel
Haarföhn	wunderschön	Haarföhn	Segeltörn	Radfahrt
geschwind	Gewand	Gewinde	gewandt	geschwind
zurück	voran	hinauf	zurück	retour
Vaduz	Vaduz	verdutzt	verputzt	Hauptstadt
Hefe	Helfer	Hefe	Schläfe	Hafen
Kugel	Krügel	Seidel	Kugel	Eis
Hebel	Hobel	Nebel	Nobel	Hebel
Blume	Düne	Blume	Ruhme	zoomen
Kröte	Tröte	Flöte	frönen	bräunen
Handy	handlich	Handy	Dandy	Wendy
Spulwurm	handwarm	Spulwurm	Eiffelturm	Paris
Feuerwasser	Wassertank	Tanklager	Lagerfeuer	Feuerwasser
Dichter	Trichter	Richter	Dichter	Lichter
Apfel	Apfel	Appell	Abel	Apfel

Notieren Sie die Zeit: _____ Anzahl Fehler: _____

1122	6386	1122	9481	3579
1428	9258	6359	1428	7225
9876	2345	3456	4567	9876
3993	4001	5258	3993	8165
2468	2468	7722	2277	2460,
9864	5729	9864	6391	1010
1010	2112	1221	1010	9999
7901	4639	5632	7902	7901
2278	7822	2278	6291	4529
1234	1234	8854	1234	9165
1530	7921	1530	5391	8338
2040	4488	8448	2040	2004
4312	1848	4321	1848	4321
1945	2965	8319	1945	3369
3366	3366	4992	7194	4499
7878	3917	8787	7878	9163
0815	2882	0815	3245	3599
5120	1024	2048	4096	5120
2002	2006	2010	2002	2014
5656	5656	3715	9183	2010
4500	3900	4500	5500	5499
1111	4711	4711	1111	4711
1918	4581	8477	2300	1918
6276	3450	6276	9900	2850
8899	8899	9988	9889	8998

Notieren Sie die Zeit: _____ Anzahl Fehler: _____

zaga	daga	zaga	laga	deng
aabb	aadd	ddaa	bbaa	aabb
klep	kläp	gläp	klep	kelp
ijij	ijij	iijj	jjii	llii
ddbb	ddbd	ddbb	dbdb	dbbd
bylt	fodo	bylt	fodo	bylt
hbbi	phro	frho	hbby	hppi
slkp	slkp	slkb	zslq	pnhk
älch	elhc	älch	helc	älhc
somo	soom	zomo	mooz	somo
grss	laoq	hdkm	grss	grsz
hylg	hylg	bjrn	pjen	gnpp
plok	polk	plok	ptau	blog
gkkk	kkkg	kkkd	kkkt	gkkk
ptzo	ghbu	sbwk	ptzo	owma
hdvg	kebm	jegw	atvg	dkwb
prtt	prdd	prtt	brtt	prdd
wtrs	mwhj	pqab	owjn	wtrs
ehhe	heeh	täät	ehhe	jnnj
looc	looc	oolc	cloo	oloc
ahbe	cede	ahbe	ehef	geha
abcd	efgh	ijkl	mnop	abcd
brto	prod	prod	brto	bort
aaaa	aaaa	oooo	eeee	aaaa
juhe	joyo	juhe	yehu	huje

Notieren Sie die Zeit: _____ Anzahl Fehler: _____

Waren Sie schneller oder gleich schnell wie in der ersten Runde? Und wie steht es jetzt mit den drei Fehlern?

Übrigens: Ist Ihnen aufgefallen, dass es weit schwieriger ist, Zahlen mitzusprechen als Wörter? Sehr gut. Belassen Sie es dabei, denn das lästige Subvokalisieren wollen Sie ohnehin loswerden!

Verzichten Sie mutig auf Rückversicherungen

Hätte das Buch, das Sie gerade in Händen halten, eine Kamera eingebaut und würde Ihre Augenbewegungen beim Lesen filmen, könnten Sie feststellen, dass sich Ihre Augen nicht linear Zeile für Zeile von links nach rechts bewegen. Stattdessen springen Sie immer wieder zurück, vielleicht nur um eine Silbe, vielleicht auch um ein oder zwei Wörter. Man nennt das eine unbewusste Regression. Es fällt Ihnen gar nicht auf, dass Sie mit den Augen kleine Rücksprünge machen. Aufgezeichnet würde das in etwa aussehen wie in Abbildung 5:

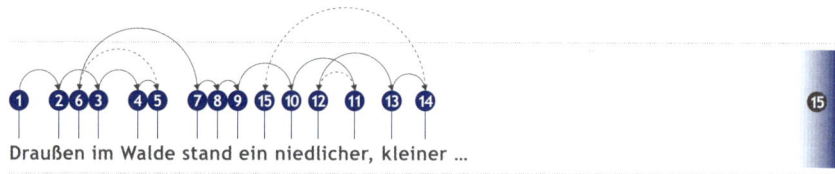

Draußen im Walde stand ein niedlicher, kleiner ...

Abbildung 5: Regressionen, sichtbar in Eye-Tracking-Aufzeichnung

Diese Untersuchung[25] macht die Rücksprünge deutlich. Die orangen Kreise mit den Zahlen geben die Reihenfolge der Fixierungspunkte an, es waren für diese eine Zeile 15 an der Zahl. Die Sakkaden – also die Sprünge der Augen – sind durch die schwarzen Pfeile dargestellt. Die gestrichelten Pfeile zeigen Ihnen, wo hier Regressionen, also Rücksprünge gemacht wurden. Zwei Schritte vor und einen zurück, das scheint die Devise zu sein. So kommen Sie natürlich auch bis ans Ende Ihres Textes – aber was landet in Ihrem Gehirn? Dieser Mensch, von dem wir uns die Aufzeichnung in Abbildung 5 geliehen haben, liest exakt so: „*Draußen im Walde ßen stand ein nied er lich kleiner ein*". Das ist, womit Sie Ihr Gehirn füttern: keine vollständige Botschaft, sondern zerstückelte Informationen, die keinen leicht erkennbaren Sinn ergeben! Nun können Sie nachvollziehen, warum die durchschnittliche Verständnisrate bloß bei knappen 60 Prozent liegt. Warum tun wir das? Wiederum liegt der Ursprung darin, wie wir lesen gelernt haben. Denken Sie an ein Kind der ersten Schulstufe, das sich gerade mit dem Lesen abmüht. Es liest: „*So … Sonn … Sonne*" und springt dabei von einem Buchstaben zum nächsten, wieder zurück an den Anfang, liest ein, zwei Buchstaben weiter, geht wieder an den Anfang etc. Erst mit der Zeit erkennt das Kind *Sonne* mit einem Blick als ein einheitliches Wortbild. Doch dann entdeckt es *Sonnenuntergang*, und wieder beginnt die Plagerei, „*Sonnen … un … ter … unter … gang untergang was für ein Untergang? ach, ein Sonnenuntergang*". Diese kleinen Regressionen haben uns geholfen zu verstehen, doch wir haben sie so sehr eingeübt, dass wir sie bis heute beibehalten haben, auch wenn wir sie gar nicht mehr brauchen. Es hat Ihnen eben niemand geholfen, sie sich abzugewöhnen. Da haben skandinavische Kinder mehr Glück!

Ebenso machen Sie mitunter auch größere Sprünge, etwa zurück an den Anfang eines Absatzes oder zurück zum vorletzten Satz. Das tun Sie, wenn Sie feststellen, dass Sie unaufmerksam waren und nicht mitbekommen haben, was Sie gelesen haben. In dem Fall spricht man von einer bewussten Regression.

Diese Regressionen konnten erstmals vom französischen Augenarzt Émile Javal im 19. Jahrhundert mit einem Gerät aufgezeichnet werden. Daraus entwickelte sich die Eye-Tracking-Methode, die immer ausgefeilter wurde. Heute arbeitet man vor allem mit videobasierten Methoden und mit schwachem Infrarot-Lichtstrahl. Bemerkenswert ist der Vergleich der Aufzeichnungen von Menschen damals und heute: Unsere Augenbewegungen haben sich nicht verändert, wir lesen also genauso ineffizient wie noch vor hundert Jahren!

Die folgende Abbildung 6 zeigt Ihnen die Regressionen eines Mannes mit Maturaniveau und sechs Jahren Berufserfahrung. Sie erkennen wieder die Augenfixierungen anhand der orangen Kreise. Die Nummerierung gibt Ihnen Aufschluss darüber, ob der Mann mit den Augen in Leserichtung sprang oder ob er Regressionen machte.[26] Der Mann hat diesen Text aus einem Märchen von Hans Christian Andersen mit knapp 200 Wörtern pro Minute gelesen.

Abbildung 6: Augenfixierungen und Regressionen eines langsamen Lesers

Regressionen kosten viel Zeit. Wie viel besser man durch gezieltes Training vorankommt, zeigt der Vergleich mit dieser Eye-Tracking-Aufzeichnung eines Mannes, ebenfalls mit Maturaniveau und fünf Jahren Berufserfahrung, jedoch nach Absolvieren eines meiner Seminare[27]:

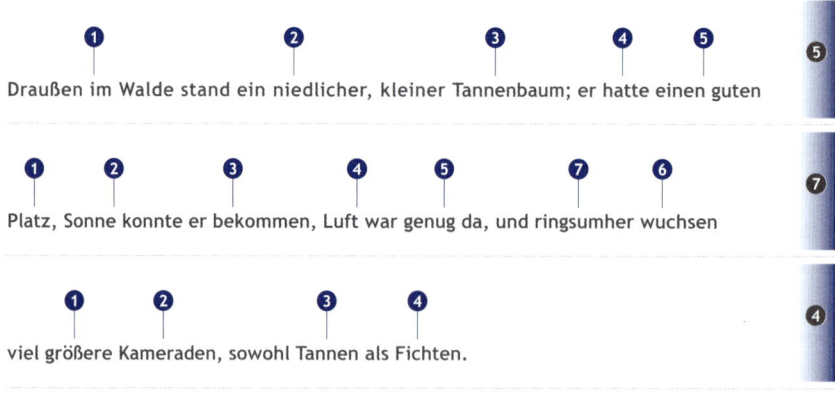

Abbildung 7: Augenfixierungen und Regressionen eines schnellen Lesers

Es ist klar erkennbar, mit wie viel weniger Augenfixierungen er liest. Er benötigte in Zeile eins nur fünf Fixierungen – im Vergleich dazu hatte der Mann vorher (Abbildung 6) ein Vielfaches an Fixierungen, exakt 29! Während der langsame Leser insgesamt 14 Regressionen hatte, hatte unser schneller Leser nur in Zeile zwei eine einzige. Daher war er auch schnell: Der Mann las mit einer Geschwindigkeit von 575 Wörtern pro Minute.

• •

HABEN SIE LUST AUF EINEN EYETRACKING-SELBSTTEST?

Wenn es Sie interessiert, wie Ihr persönliches Eye-Tracking derzeit aussieht, können Sie die App auf der Website www.brainread.com nützen. Dazu brauchen Sie einen Tablet-PC mit iOS- oder Android-Betriebssystem und eine Front-End-Kamera (z. B. iPad, Google Nexus).

Wenn Sie eine Webcam besitzen – vielleicht haben Sie sogar eine in Ihrem Notebook eingebaut –, können Sie Ihr Eye-Tracking auch selbst zählen:

- Blenden Sie einen beliebigen Text auf Ihrem Bildschirm ein und zählen Sie die Anzahl der Zeilen, die sichtbar sind (ohne zu scrollen).
- Nehmen Sie sich dann selbst beim Lesen auf.
- Anschließend sehen Sie sich die Aufzeichnung an und zählen Sie, wie oft Ihre Augen gegen die Leserichtung, also von rechts nach links, springen. Von dieser Zahl ziehen Sie die Anzahl der Zeilen ab. Übrig bleibt die Zahl unnötiger Regressionen, auf die Sie verzichten sollten!

• •

Bringen Sie Ihr Gehirn zum Schwitzen

Bewusste Regressionen passieren Ihnen, wenn Sie beim Lesen abgelenkt sind, wenn die Gedanken abschweifen, während Ihre Augen die Zeilen entlanggleiten. Sie wissen bereits aus Kapitel 2, dass das ganz normal ist. Sie lesen einen Bericht über Corporate Social Responsibility, und ab Zeile zwei denken Sie daran, dass Sie nach der Arbeit Ihr Kind vom Kindergarten abholen werden und dass Sie gespannt sind, was es über das neue Mädchen in der Gruppe berichten wird. Ihre Augen sind am Ende des Absatzes gelandet – doch in Ihrem Gehirn steht ein großes Fragezeichen. Worum ging es gerade? Also springen Sie zurück zu Zeile zwei und lesen noch einmal.

Selten sind Texte wirklich so fesselnd, dass sie einen in Atem halten. Bei einem Harry Potter freilich oder einem Thriller von Dan Brown, da werden

Sie sich wohl kaum ablenken lassen, im Gegenteil! Sie werden das Buch gar nicht weglegen wollen, bis es nicht zu Ende gelesen ist. Literaten ziehen aber auch alle Register ihrer Erzählkunst, um Ihre Neugier zu erhalten: Sie deuten an und lassen Sie zappeln, weil die Auflösung erst viel später kommt. Sie verwenden am Ende eines Kapitels so genannte Cliffhanger, lassen Sie mit dem Helden in einer höchst brenzligen Situation einfach stehen, sodass Sie nicht wissen: Wird er noch rechtzeitig bremsen können, oder wird er mit dem Ferrari die Klippe hinunterstürzen? Die Auflösung verrät Ihnen die gewitzte Schriftstellerin erst im übernächsten Kapitel. Bis dahin halten Sie den Atem an und werden ganz bestimmt weiterlesen und zu hundert Prozent bei der Sache bleiben, denn Sie wollen doch nichts versäumen!

Die Texte, die Sie für Ihren Beruf oder Ihre Ausbildung lesen müssen, haben von alldem nichts. Sie beinhalten keine künstlerischen Spannungselemente, sondern bleiben sachlich bis zuletzt. Wenn Sie Pech haben, ist der Autor auch noch ein schlechter Schreiber oder hatte keine Lust, sich um Ihr Interesse zu bemühen. Das soll es ja zur Genüge geben. Wenn Sie der Autor also nicht austrickst, dann müssen Sie das selber tun, und der Trick heißt: Lesen Sie schneller, damit Sie im Text bleiben.

Das Gehirn ist ein faszinierendes Organ, das gewaltige Leistungen zu vollbringen vermag. Wir spinnen Gedanken, und die geistern mit einer hohen Geschwindigkeit durch unseren Kopf, etwa mit 1000 Wörtern pro Minute. Also könnten wir auch mit derselben Geschwindigkeit lesen und unser Gehirn könnte alles erfassen und verstehen.

Sie glauben es nicht? Denken Sie an ein Kind, das Ihnen aufgeregt von seinem letzten Erlebnis erzählen will. Die Worte purzeln nur so aus dem Mund, während es mit roten Wangen und großen Augen aufgeregt zappelt. Und Sie verstehen kein Wort, weil das Kind über seine eigene Geschichte stolpert. Es ist in Gedanken schon fünf Sätze voraus und hat beim Erzählen die Hälfte ausgelassen. Sein Gehirn ist einfach viel zu schnell für seinen Mund.

Ein Beweis für die Schnelligkeit unseres Gehirns ist auch das Volumen an Informationen, das Sie aufnehmen, wenn Sie einen Film ansehen. Sie hören und verstehen, was gesagt wird – und gleichzeitig erfassen Sie alle optischen Eindrücke, jede Bewegung auf dem Bildschirm. Die „Taktung" Ihres Gehirns liegt also eher über 1000 Wörter pro Minute als darunter.

Zurück zum Lesen: Durch das Subvokalisieren lesen Sie etwa in Sprechgeschwindigkeit, das sind 200 bis 240 Wörter pro Minute. Das heißt, dass Sie bestenfalls ein Viertel Ihrer Gehirnkapazität nutzen, und das führt dazu, dass Ihre Gedanken abschweifen, weil Ihr Hirn sich langweilt.

Sie erinnern sich? In Kapitel 2 haben Sie darüber gelesen, dass es ganz normal ist, ja sogar höchst ökonomisch, wenn Ihr Gehirn freie Kapazitäten nützt und für andere Aufgaben einsetzt. Im Schnitt sind es etwa 30 Prozent der Zeit, die Sie von Ihrer eigentlichen Tätigkeit abschweifen, beim Lesen sind es etwa 15 bis 20 Prozent. Wenn Sie nun beim Lesen bloß ein Viertel Ihrer Gehirnkapazität beanspruchen, ist es ja kein Wunder, dass Sie gleichzeitig Alltagsproblemchen lösen, anstatt sich auf den Text zu konzentrieren.

Nun könnten Sie sagen: Mein Gott, wir haben heute doch alle die Fähigkeit zum Multitasking. Es wird doch möglich sein, dass mein Gehirn zwei Dinge gleichzeitig verarbeitet. Irrtum. Multitasking gibt es in Wahrheit nicht. Denn unser Gehirn kann nur einen kognitiven Prozess zu einem Zeitpunkt verarbeiten. Wir können auf dem Hometrainer fahren und dabei Nachrichten sehen, das geht. Das eine ist ein motorischer, das andere ein kognitiver Prozess und beide sprechen unterschiedliche Areale im Gehirn an.[28] Doch genauso wenig, wie Sie gleichzeitig Radfahren und Kopfstand machen können, können Sie gleichzeitig sinnerfassend lesen und über ein Geburtstagsgeschenk für Ihre Schwester nachdenken. Menschen, denen wir ein Talent zum Multitasking attestieren, können das übrigens genauso wenig.[29] Was sie jedoch gut können ist, von einem Aufgabenhäppchen zum anderen blitzschnell umzuschalten. Das erweckt in uns den Eindruck, als würden sie alles gleichzeitig machen.

Wenn Sie Ihre Geschwindigkeit sukzessive steigern, passiert Folgendes: Ab etwa 400 bis 600 Wörtern pro Minute macht es klick!, und plötzlich ist das Gehirn mit der Aufmerksamkeit ganz beim Text. Es reicht also schon, es zu wenigstens 50 Prozent auszulasten, und schon schweifen Sie nicht ab. Um Ihre Verständnisrate zu erhöhen, müssen Sie also gar keine 1000 Wörter pro Minute lesen, es reicht etwa die Hälfte.

NÜTZEN SIE IHRE GRAUEN ZELLEN

Lesen Sie schneller! Je mehr Sie Ihre Gehirnkapazität nützen, desto weniger langweilt sich Ihr Hirn und desto weniger ist es in Versuchung, sich durch andere Gedanken ablenken zu lassen. Ab einer Leseleistung von etwa 400 bis 600 Wörter pro Minute steigt der Aufmerksamkeitspegel drastisch – und das wirkt sich positiv auf Ihre Verständnisrate aus.

Augentraining

Hier ist die vierte Runde Geschwindigkeitstraining für Ihre Augen.

Diesmal ist der Text recht kurz. Versuchen Sie einmal mit einem rasend hohen Tempo den Text abzutasten.

→ Springen Sie mit dem Auge von Wortgruppe zu Wortgruppe, Zeile für Zeile und so schnell wie möglich.

→ Ganz wichtig für diese Übung: Versuchen Sie, jede Wortgruppe mit jeweils nur einer Augenfixierung zu erfassen, ohne die einzelnen Wörter zu erkennen.

Ziel sollte sein, diese Seite in weniger als acht Sekunden zu schaffen. Legen Sie sich eine Stoppuhr zurecht. Wenn Sie länger als acht Sekunden brauchen, wiederholen Sie die Übung so lange, bis Sie innerhalb dieses Zeitrahmens sind.

Haben Sie Ihre Stoppuhr parat? Dann kann es losgehen!

Slitle Nhcat!	Hgeilie Nhcat!	Aells sfälhct.
Easnim whcat	Nru dsa ttuare	hgilie Para.
Hedlor Kanb'	im letgikcon Hara,	Sfalhce in
Hehcilmmir Rhu!	Sfalhce in	hehcilmmir Rhu!
Slitle Nhcat!	Hgeilie Nhcat!	Gettos Shon!
O! wei lhcat	Leib' asu deniem	gehcilttön Mnud,
Da usn sgälhct	die rdnettee Snutd'.	Juses! in denier Grubet!
Juses! in denier Grubet!		
Slitle Nhcat!	Hgeilie Nhcat!	Dei red Wlet
Hiel ghcarbet,	Usa dse Hlemmis	genedlon Hhö'n
Usn dre Gdane	Flüle lßät sh'en	Jusem ni Maltsegnechnet!
Jusem ni Maltsegnechnet!		
Slitle Nhcat!	Hgeilie Nhcat!	Ow scih huet alle Mcaht
Vehcilretär	Lebie eogrß	Udn asl Bedurr
hlovsdlul uolhcsmß	Juses die Veklör der Wlet!	Juses die Veklör der Wlet!
Slitle Nhcat!	Hgeilie Nhcat!	Lgnae sohcn
uns bhcadet,	Asl dre Hrer ovm	Gmmire byerfet,
In dre Vetär	uuargrr Ziet	Aellr Wlet
Snunohcg veireß!	Aellr Wlet	Snunohcg veireß!
Slitle Nhcat!	Hgeilie Nhcat!	Hetrin esrt khcamegdnut
Druch der Egenl	„Hjulellaa!"	Tnöt es luat
von fren und nah:	„Juses der Retetr its da!"	„Juses der Retetr its da!"

Haben Sie den Inhalt erkannt? Es ist der Text des wohl berühmtesten Weihnachtsliedes „Stille Nacht". Ich wette, Sie haben es trotz verdrehter Buchstaben erkannt – hier ist die vollständige Version, richtig geschrieben:

Stille Nacht! Heilige Nacht!
Alles schläft. Einsam wacht
nur das traute heilige Paar.

Holder Knab' im lockigen Haar,
Schlafe in himmlischer Ruh!
Schlafe in himmlischer Ruh!

Stille Nacht! Heilige Nacht!
Gottes Sohn! O! wie lacht
lieb' aus deinem göttlichen Mund.
Da uns schlägt die rettende Stund'.
Jesus! in deiner Geburt!
Jesus! in deiner Geburt!

Stille Nacht! Heilige Nacht!
Die der Welt Heil gebracht,
Aus des Himmels goldenen Höh'n
Uns der Gnade Fülle läßt seh'n
Jesum in Menschengestalt!
Jesum in Menschengestalt!

Stille Nacht! Heilige Nacht!
Wo sich heut alle Macht
Väterlicher Liebe ergoß
Und als Bruder huldvoll umschloß
Jesus die Völker der Welt!
Jesus die Völker der Welt!

Stille Nacht! Heilige Nacht!
Lange schon uns bedacht,
Als der Herr vom Grimme befreyt,
In der Väter urgrauer Zeit
Aller Welt Schonung verhieß!
Aller Welt Schonung verhieß!

Stille Nacht! Heilige Nacht!
Hirten erst kundgemacht

Durch der Engel „Halleluja!"
Tönt es laut von Fern und Nah:
„Jesus der Retter ist da!"
„Jesus der Retter ist da!"

Sie kennen sicherlich auch diesen seltsamen Text aus dem Internet:

• •

Gmäeß eneir Sutide eneir elgnihcesn Uvinisterät, ist es nchit witihcg in wlecehr Rneflogheie die Bstachuebn in eneim Wrot snid, das zniige was wcthiig ist, ist daß der estre und die leztte Bstabchue an der ritihcegn Pstoiion snid. Der Rset knan ein ttoaelr Bsinöldn sien, tedztorm knan man ihn onhe Pemoblre lseen. Das ist so, wiel wir nciht jeedn Bstachuebn enzelin leesn, snderon das Wrot als gseatems. Ehct ksras! Das ghet wicklirh!

• •

Nun, Sie konnten auch diesen Text lesen, nicht wahr? Auch wenn der Inhalt nicht ganz stimmt: Eine solche Studie gab es nie. Und die Tatsache, dass Sie allein anhand des ersten und letzten Buchstabens ein Wort erkennen können, stimmt nur für kurze Wörter und für solche, die in unserem Kernwortschatz abrufbar sind. Dass zum Beispiel *Maltsegnechnet* das Wort *Menschengestalt* sein soll, ist nicht so leicht zu erkennen. Allerdings ist in der Leseforschung allgemein akzeptiert, dass der erste und letzte Buchstabe dem Gehirn maßgeblich hilft, ein Wort richtig zu erraten.[30]

In einer Studie über verdrehte Wörter in den Sprachen Hindi und Telugu (zwei indische Sprachen) kam die Forschung zu ähnlichen Ergebnissen.[31] Es ist jedoch zu bezweifeln, ob das auch im Hebräischen oder Persischen funktioniert, weil dort Vokale oft nicht geschrieben werden. Auch ungarische, türkische oder finnische Wörter dürften dafür wenig geeignet sein, weil sie dramatisch länger sind als deutsche Wörter.

Doch kehren wir wieder zurück zu dem, weshalb Sie dieses Buch gekauft haben: zu Ihrem Schnelllesetraining. Ich habe wieder ein paar Übungsanregungen für Sie.

Balkenübung: Augentraining mit der App

Es ist wieder an der Zeit, auf der Website www.brainread.com die Balkenübung zu öffnen und zu trainieren.

Erhöhen Sie bitte wieder die Geschwindigkeit des Balkens. Sie wissen, wie das im Fitness-Center ist: Steigerungen erreichen Sie nur, wenn Sie nach und nach mehr Gewicht auf die Hanteln hängen. Das gilt auch für dieses Augentraining!

Gehirnjogging

Es geht in die nächste Runde Gehirnjogging. Bitte legen Sie wie gewohnt Stift und Stoppuhr zurecht. Damit Sie diesmal so richtig gefordert werden, bitte ich Sie, dass Sie bei allen drei Runden wieder mindestens drei Fehler machen. Das bedeutet: Seien Sie noch schneller mit Ihren Augen, vermeiden Sie wirklich jede Regression, und wenn Sie Ihnen noch so dringend erscheint. Ziel ist, dass Sie jede Runde in weniger als 30 Sekunden schaffen und dabei mindestens drei Fehler haben!

Safran	Turban	Safran	Saftbar	Barschaft
Taste	Taste	tasty	tabu	Städter
Ziege	Ziegel	Ziege	Zeiger	Zügel
Burger	Bürger	Würger	Burger	Burgherr
Gespenst	Gespinst	Gespenst	gestählt	bestellt
Versand	Versand	Verstand	Versand	Versfuß
Herzschlag	Märztag	Scherzfrag	Herzschlag	Schlagobers
Berber	Berber	Barbier	Bierbar	Berber
Walfisch	Wahltag	Waller	Holztisch	Walfisch
Fressnapf	Fressnapf	Pfeilschaft	Buhlschaft	Fresstrog
Rudel	Strudel	Rodel	Radel	Sudel
weitaus	fernab	weithin	durchaus	weitaus
bedroht	kommod	bedroht	belohnt	entthront
spürbar	spürbar	spielbar	Spürhund	Sprühdose
lachen	machen	krachen	lachen	Krake
adlig	Adler	Ader	adlig	Adverb
kennbar	mietbar	kennbar	ladbar	Kennzahl
ründlich	ründlich	stündlich	fündig	gründlich
fließend	flüssig	triefend	fließend	sprießend
klebrig	Kleber	Kleister	klebrig	Klettern
Gipfel	Gimpel	Gipfel	Giebel	Gierschlund
Amsel	Amsel	Hamster	Amtsrat	Ampel
weiden	leiden	kleiden	wiegen	weiden
Handball	Schlagball	Handball	Volleyball	Kniefall
Tasse	Tasse	Taste	Tester	Teaser

Notieren Sie die Zeit: _____ Anzahl Fehler: _____

6789	6789	4729	1585	3412
7711	7717	1177	7711	7171
3690	3915	7184	2510	3690
4004	4040	4004	7391	3518
9261	9261	2365	8271	8383
8383	6677	9765	8383	9238
5775	8123	6732	9027	5775
7654	8765	7654	6543	5432
3078	3021	2978	3078	2222
1234	2345	3456	1235	1234
2278	2278	2276	2277	2279
1652	3671	1652	8329	5382
9630	8264	5568	9154	9630
7777	9999	1111	7777	4444
3978	3978	5729	1042	8291
3344	3443	3344	9452	6492
3011	8462	2189	6392	3011
8451	4826	3973	8451	5167
2019	2019	8476	9221	4352
4142	1424	4142	2414	8974
0000	8493	3333	7253	0000
1147	6548	3291	1147	9361
9990	9909	9099	9900	9999
8844	4820	8844	6278	1063
1508	1508	9372	2638	1508

Notieren Sie die Zeit: _____ Anzahl Fehler: _____

hehoo	huhii	heeho	hohee	hehoo
alcle	bdtaa	alcle	bdtcc	kdgwb
wakah	heyja	wakah	hoooh	wqnj
hoooh	ohooh	uhhhu	hoooh	wrdlp
prkhs	sprrz	mkrfs	hlzss	prkhs
blmnk	blmnk	pflnz	hmsrd	blmnk
hhnrg	zrpzr	hhnrg	schwz	rksre
sczsc	prszi	kljpt	sczsc	gnjat
mrcds	mrcds	vlksw	dqttr	bmwcp
mrswn	mrrrr	rmmmm	swswz	mrswn
tggsy	ytobs	fhhrd	tggsy	prpds
njäps	trebz	njäps	quärx	jdehn
oioio	oioio	ojoio	ioioi	oioio
jpjpe	gfdtw	ipipä	lplpe	jpjpe
mlemb	brjot	fmbih	mlemb	knotr
pisag	aerga	pisag	whuut	gasip
gasip	agrea	tuuhw	gasip	pisag
abcde	abcde	abcdä	abcdc	abcdo
sktrt	srtrt	pflku	nttbk	sktrt
hebhe	hebhe	chebä	chäbe	hhbee
trplp	ksrnm	trplp	oqppp	djdjj
oaeca	uiooi	ueaio	oaeea	aeiou
aeiou	llsrd	rchst	strch	aeiou
nbdkn	nbdkn	hejdk	kqacd	beuhg
njark	zhark	njark	baque	varge

Notieren Sie die Zeit: _____ Anzahl Fehler: _____

Glauben Sie an die Kraft Ihres Gehirns

Wenn Sie bei den Übungen festgestellt haben, wie schwer es ist, nicht zurück-zuspringen, seien Sie getröstet: Sie unterliegen einem Irrtum wie fast alle Teil-nehmer zu Beginn meiner Seminare. Indem Sie Regressionen machen, glau-ben Sie zu wissen, was Sie wissen. Sie wollen sich rückversichern. Das Gehirn braucht diese Rückversicherung jedoch gar nicht. Es hat den Sinn einer Phrase schon beim ersten Mal erfasst.

Lesen wir ein Wort noch einmal, dann kann es sein, dass wir uns dieses Wort besser merken. Allerdings laufen wir Gefahr, uns insgesamt noch weni-ger zu merken und zwar aus bereits erwähnten Gründen: Wenn der Inhalt durch die Regressionen zerstückelt im Gehirn landet, leidet das Verständnis. Damit ist auch die Merkfähigkeit beeinträchtigt, denn Ihr Hirn versteht und merkt sich nur Dinge, denen es einen Sinn zuordnen kann.

Seien Sie ehrlich: Wollen Sie all die E-Mails, Berichte, Gutachten, Fach-artikel wortgetreu auswendig lernen? Vermutlich nicht. Sie wollen bloß den Sinn erfassen und nur das Wesentliche, die Essenz des gesamten Textes behal-ten. Das erreichen Sie nur dann effizient, wenn Sie sich von den Sicherheit gebenden Regressionen verabschieden.

Sie werden sehen, zu Beginn werden Sie sich fühlen, als hätte Ihnen je-mand den Teppich unter den Füßen weggezogen. Sie werden beim Lesen das Gefühl haben, überhaupt nichts mitzubekommen. Das ist unangenehm. Doch mit der Zeit werden Sie sich daran gewöhnen, auf Ihr Sicherheits-bedürfnis zu verzichten. Sie werden erkennen, dass Ihre Befürchtungen un-berechtigt sind. Nach ein paar Wochen werden Sie darauf vertrauen, dass Sie wissen, was Sie wissen, auch wenn Sie sich nicht rückversichern. Wenn Sie alle Übungen und Tests in diesem Buch machen, können Sie sich selbst beweisen, dass Sie schneller werden und gleichzeitig Ihre Verständnisrate steigt.

Spätestens an dieser Stelle taucht in meinen Seminaren manchmal Skepsis auf. Wenn die Teilnehmer beim Lesetest über den Text fliegen und dann die Kontrollfragen beantworten, meinen sie, das gute Verständnisergebnis wäre reines Glück. Es könne doch nicht sein, dass sie so viel verstanden hätten, denn beim Lesen hätten sie das Gefühl gehabt, als würde gar nichts im Gehirn landen. Dass die Antworten richtig wären, hätte ausschließlich mit ihrem Vorwissen zu tun oder wäre bloß Zufall. Doch das kann nicht sein: Würde man die Fragen tatsächlich blind beantworten, könnte man rein statistisch betrachtet maximal 25 Prozent Verständnisrate erreichen, sofern man bei allen zehn Fragen tatsächlich gerade zufällig die richtige der vier Antworten erwischt. Die Verständnisrate bei den Teilnehmern ist aber durchgängig über 50 Prozent, in diesem fortgeschrittenen Stadium des Lernprozesses sogar manchmal deutlich darüber.

Allein aus den Vorkenntnissen können die Fragen auch nicht beantwortet werden. Es sind Fragen dabei, bei denen es auf die exakte Wortwiedergabe aus einer Textstelle geht – und die kann man nur richtig beantworten, wenn man vom Text beeinflusst wurde, also wenn das Gehirn sehr wohl einiges mitgenommen hat – trotz der höheren Geschwindigkeit.

Sie sehen, Sie können den Ergebnissen der Lesetests durchaus vertrauen. In dem Moment, wo Sie den Text gelesen haben, sind Sie bereits davon beeinflusst und beantworten die Fragen anders, als Sie es tun würden, ohne vorher den Text gelesen zu haben. Natürlich können Vorkenntnisse eine Rolle spielen. Doch dass Vorkenntnisse keinen wesentlichen Einfluss auf das Testergebnis haben, beweist ein Vorfall in einem meiner Seminare: Unter den Teilnehmern befand sich eine Biologieprofessorin und wir lasen einen Text, in dem es um den Vormarsch der Fast-Food-Industrie ging. Klar, dass einige Erkenntnisse aus der Ernährungswissenschaft erwähnt wurden. Nach dem Test beschwerte sich die Dame bitter, weil sie bei den Antworten Fehler hatte, die aus ihrer Sicht jedoch keine Fehler waren. Im Text würde etwas Falsches erörtert, meinte sie. Es dauerte ein bisschen, um sie wieder dahin zu führen, worum es ging: Der Auftrag bei der Beantwortung der Lesetests ist, pro Frage jene der vier Alternativen ausfindig zu machen, die im Text stehen!

Aus demselben Grund ist es wichtig, mehrere Lesetests zu machen und nicht nur einen, weil der zu wenig repräsentativ ist. Im Seminar wurden insgesamt acht Lesetests absolviert – in den sieben anderen hatte die Dame keine vermeintlichen Vorteile aus ihrem Expertentum, weil es um andere Inhalte ging. So kann es auch bei Ihnen sein: Vielleicht haben Sie bei einem der vier Tests das Glück, dass Ihnen das Thema vertraut ist. Doch die Wahrscheinlichkeit, dass Sie alle vier Tests mit 100 Prozent Verständnisrate absolvieren, das wird nicht so leicht passieren!

••

HABEN SIE GEDULD MIT SICH BEIM LERNEN

Stellen Sie sich auf einen mehrwöchigen Umlernprozess ein und bleiben Sie geduldig. Es ist ganz normal, dass man Verhalten, das man viele Jahre praktiziert hat, nicht so mir nichts, dir nichts verändern kann. Es hat lange gebraucht, bis Sie es gelernt haben, also brauchen Sie auch ein paar Wochen, um es zu verlernen bzw. zu verändern. Sie werden sehen, dass Sie sehr gut ohne Sicherheitsnetz lesen können, und das bei steigender Verständnisrate. Haben Sie Mut zur Lücke auf dem Weg dorthin!

••

Fassen Sie Wortgruppen ins Auge

In der Schule haben wir zuerst gelernt, auf Buchstaben zu schauen, dann auf Wörter. Seitdem fixieren Sie die einzelnen Wörter beim Lesen und Ihre innere Stimme geht auch noch mit. Den nächsten Schritt, auf ganze Wortgruppen zu schauen, den hat Ihnen niemand mehr beigebracht. Dabei wäre das essenziell gewesen, um schneller zu lesen.

Weiter oben haben Sie schon darüber gelesen, dass das Gehirn eine Information erst dann verstehen kann, wenn sie mit Sinn gefüllt ist. Nun sind einzelne Wörter zwar eine Bezeichnung für etwas, beinhalten aber noch keine Aussage. Das Wort

Tisch

beispielsweise gibt Ihnen zwar ein Bild, doch was es mit dem Tisch auf sich haben soll, das wissen Sie noch nicht. Während Sie dieses Wort mit Ihrem Auge fixieren und Ihre innere Stimme mitliest – wie Sie das bisher getan haben – ist eine Viertelsekunde vergangen. Nun erweitern wir auf

unter dem Tisch

Das ist bereits ein Sinngruppengebilde. Diese drei Wörter gemeinsam ergeben insofern Sinn, als Sie nun wissen: Irgendetwas liegt oder steht darunter. Ihr Gehirn kann diese Information verarbeiten. Als Durchschnittsleser schaffen Sie diese Gruppe mit drei Augenfixierungen in einer Dreiviertelsekunde.

Sinngruppen können aus zwei, drei oder vier Wörtern bestehen, nur ausnahmsweise ist es ein Wort. Ziel ist, diese Wortgruppe nun mit einer einzigen Augenfixierung zu erfassen, also ganzheitlich zu lesen. Mit ein wenig Übung ist das ohne weiteres möglich. Sie haben das bei den Augentrainings, die Sie bis jetzt schon gemacht haben, bereits erfolgreich versucht! Sie erfassen die drei Wörter als ein Bild und benötigen für diese einzelne Fixierung wiederum nur eine Viertelsekunde. Das bedeutet, dass Sie drei Mal so schnell sind, als wenn Sie jedes einzelne Wort fixieren.

Nun erweitern wir noch einmal:

Unter dem Tisch   liegt ein Hund.

Wir haben eine zweite Sinngruppe hinzugefügt und somit einen vollständigen Satz gebildet. Das können Sie mit zwei Augenfixierungen lesen und benötigen dafür nur eine halbe Sekunde!

Im Grunde ist das Fixieren ganzer Sinngruppen das Herzstück jeden Schnelllesens. Wenn Sie das beherrschen, haben Sie die anderen beiden Stützräder automatisch mit abgelegt. Denn dann kommt Ihre innere Stimme nicht mehr mit und wird nur noch die wichtigen Wörter mitlesen – und die Regressionen werden sich auch verringern.

Im Englischen spricht man von ganzen *Brocken*, die man beim Lesen aufnehmen soll – auf Englisch *Chunks*, und das ist auch der Fachausdruck für die Tätigkeit: Chunking.

Unter dem Tisch   liegt ein Hund   und schnarcht.

Wir haben auf drei Chunks erweitert. Mit drei schnellen Augenfixierungen schafft Ihre innere Stimme gerade mal *Tisch – Hund – schnarcht*. Nun, das reicht doch fürs Erste, damit Sie das Wesentliche erfasst haben, oder? Wenn Ihre innere Stimme nur noch so viel mitsprechen kann, können Sie schon zufrieden sein. Hauptsache, sie spricht nicht jedes einzelne Wort mit. Die innere Stimme ganz zum Schweigen zu bringen, ist nicht unbedingt nötig – es sei denn, Sie sind so ehrgeizig und streben eine Geschwindigkeit von über 1000 Wörtern pro Minute an. Denn dann hat Ihre innere Stimme keine Chance mehr. Halten Sie sich vor Augen, dass das Verständnis nicht davon abhängig ist, dass Sie die Wörter hören – durch Ihre innere Stimme. Verständnis entsteht durch das Sehen von Wörtern!

LESEVERSTÄNDNIS KOMMT VOM SEHEN, NICHT VOM HÖREN

Sie haben dann einen entscheidenden Lernschritt geschafft, wenn Ihre innere Stimme nur noch die wichtigen Wörter mitlesen kann. Das gelingt Ihnen, wenn Sie in jeder Wortgruppe – also jedem Chunk – immer nur maximal ein Wort mit Ihrer inneren Stimme subvokalisieren.

•••

Nutzen Sie jede Hilfe, die Sie kriegen können

Unser Gehirn hat die Eigenart, ungeduldig zu sein. Während unser Auge ein Wort fixiert, sucht es schon nach der nächsten Aussage im Text. Es ist immer darauf aus, möglichst alle bereits abgespeicherten Kenntnisse zu verwenden und schnell eine Abkürzung zu finden.

Kurz gesagt: Unser Gehirn liest ohnehin immer gerne voraus. Das haben wir in Kapitel 2 bereits ausgeführt: Unser Gehirn antizipiert ständig, was es als Nächstes zu lesen bekommen könnte. Das ist auch der Grund, weshalb das Chunking so gut funktioniert. Tun Sie Ihrem Gehirn also einen Gefallen. Spüren Sie Chunks noch rascher auf und nützen Sie die folgenden Tricks, die unsere Sprache Ihnen zur Verfügung stellt: Fokussieren Sie sich auf Schlüsselwörter, Sinnsignale, Satzzeichen und Substantive.

Die Fahnenschwenker: Schlüsselwörter und Sinnsignale

Die deutsche Sprache ist reich, sie umfasst mehr als 500.000 Wörter. Nomen, Verben, Adjektive, Bindewörter, Fürwörter, Artikel, Fragewörter, Pronomen, Präpositionen, jede Menge Füllwörter, Partikel etc. Einige sind für das Verständnis eines Satzes wichtiger als andere, wir nennen sie Schlüsselwörter. Zum Beispiel ist bei *der Apfel* der Artikel sicher weit weniger hilfreich für das Verständnis als das Hauptwort. Es reicht also, wenn Sie sich beim Lesen auf *Apfel* konzentrieren.

Auch Verben sind Schlüsselwörter. Sie werden in der Grammatik auch als Satzaussage bezeichnet. Damit ist klar, welche tragende Bedeutung sie haben. In dem Satz

Der erfolgreiche **Manager** *konnte* **erklären,**
wie es zu dieser **Krise gekommen war.**

können sich Ihre Augen nun an den Schlüsselwörtern orientieren: *Manager – erklären – Krise – gekommen war.* Das reicht, damit Sie den Sinn des Satzes verstehen. Wie Sie aus Kapitel 2 wissen, kann Ihr Auge nur einen kleinen Teil einer Zeile scharf sehen. Wenn Sie sich nur an diesen „Fahnenschwenkern" orientieren, dann lesen Sie die Wörter links und rechts der Schlüsselwörter zwar mit, Sie werden sie jedoch nicht subvokalisieren. Das reicht auch vollständig aus, um den Text zu verstehen. Ihr Gehirn kann aus mehreren Wörtern (Chunks) eine verständliche Aussage mitnehmen, auch – oder besser: gerade weil Sie nicht alle Wörter lautlos mitsprechen. Lesen heißt sehen, nicht hören!

Noch ein Beispiel, um zu zeigen, dass Sie zum Verständnis eines Textes nicht so viel Information benötigen, wie Sie glauben: Lesen Sie die folgenden Wörter.

Tatverdächtige – Verhandlung – prorogiert – lehnte – Sessel – seufzte – leiser – erleichtert – Dank – Raum

Welches Bild haben Sie bekommen? Was denken Sie, worum es in dieser Geschichte geht? Ich wette, dass Ihre Idee, worum es gehen könnte, sich mit der tatsächlichen Geschichte, aus der diese Wörter herausgenommen wurden, im Wesentlichen deckt. Hier ist der komplette Text:

> *Der Tatverdächtige erfuhr, dass die Verhandlung prorogiert werden musste. Er lehnte sich im Sessel zurück und seufzte mit leiser Stimme erleichtert „Gott sei Dank!" in den leeren Raum.*

Was Sie damit nachvollziehen können: Sie müssen nicht jedes einzelne Wort fixieren, geschweige denn subvokalisieren. Es reicht, wenn Sie die Schlüsselwörter erfassen. Die anderen Wörter, die zu den jeweiligen Sinngruppen gehören, nehmen Sie so nebenbei mit. Auch ohne viel geübt zu haben, schaffen Sie locker drei Wörter in einem Chunk!

Noch ein Effekt lässt sich mit diesem Beispiel zeigen: Sie müssen nicht einmal alle Schlüsselwörter kennen. War Ihnen im obigen Beispiel das Wort *prorogieren* geläufig? Wenn nicht, ist die Wahrscheinlichkeit dennoch groß, dass Sie verstanden haben, denn Sie haben aus dem Zusammenhang heraus erkennen können, was es bedeutet: vertagen. Mussten Sie exakt weiterlesen, um zu verstehen? Nein!

Manche Wörter sind nicht nur besonders sinngebend, sie sind auch noch auffallend und ersetzen quasi die Notwendigkeit, ein ganzes Sinngruppengebilde genau zu lesen. Diese Wörter bezeichnet man als Sinnsignale, im Englischen nennt man sie *contextual cue*. *Cue* bedeutet so viel wie Anstoß, so wie ein Queue im Billard die Kugel anstößt. Ein Sinnsignal ist also ein Wort oder Wortanfang, das in unserem Gehirn den richtigen Anstoß gibt, um gleich eine ganze Wortgruppe zu verstehen. Es liefert die wesentliche sinngebende Botschaft, sodass man die begleitenden Wörter nur noch am Rande braucht, um den Inhalt zu verstehen. Sobald Sie ein Sinnsignal im Text erkennen, erfassen Sie den Sinn und können sich daran orientieren.

Machen Sie mit mir ein kleines Experiment. Was assoziieren Sie, wenn Sie diese drei Anfangsbuchstaben lesen?

Öko

Es gibt extrem wenige Wörter, die mit diesen drei Buchstaben beginnen. Als Erstes kamen Ihnen vermutlich *ökologisch* in den Sinn oder *Ökologie* oder andere mit *Öko* zusammengesetzte Wörter wie *Öko-Strom*. Außer diesem Wort gibt es noch *Ökonomie* – doch viel mehr gibt der Duden nicht her. Allein diese drei Buchstaben geben Ihnen eine Idee, worum es gehen könnte. Wenn wir lesen, haben wir immer eine Erwartung im Hinterkopf, und diese Tatsache machen wir uns hier zunutze. Unser Gehirn versucht immer schon vorweg zu erraten, was kommen wird. So versucht es auch schon zu Beginn eines Wortes das Ende zu erraten.

Die Tatsache, dass es nur wenige Wörter gibt, die mit *Öko* anfangen, ist nun sehr praktisch für uns. Denn die Wahrscheinlichkeit, dass wir beim Wortanfang das Ende richtig erraten, ist dadurch äußerst groß. Unser Auge muss nur diese drei Buchstaben erfassen und wir erraten, dass es in diesem Satz um Umweltschutz gehen könnte. Es reicht dieses kleine Sinnsignal, und wir ersparen uns einige Silben beim Lesen. Verstehen können wir dennoch sehr gut.

Subvokalisierung, Verkehrsteilnehmer, Kooperationsprinzip sind andere Beispiele für ein Sinnsignal. Oder wie wäre es mit dem Wort bzw. Wortanfang

Zivil

Zivil lässt Sie vermutlich an *Zivilist* oder *Zivildiener* denken, eventuell noch an *Zivilisation*. Auf jeden Fall haben Sie beim kurzen Blick auf *Zivil* bereits eine Idee, in welche Richtung es in weiterer Folge gehen könnte.

Sinnsignale und Schlüsselwörter sind die Fahnenschwenker, die inmitten von Chunks stehen und davon umgeben sind. Sie liefern wichtige Informationen darüber, wie der Text weitergeht, und tragen oft die Hauptbotschaft voran. Wenn Sie lesen, chunken Sie unbedingt! Natürlich werden Sie nicht in jeder Zeile ein Sinnsignal oder Schlüsselwort vorfinden, das ist auch nicht so wichtig. Wichtig ist, dass Sie sich dieser Fahnenschwenker bewusst sind und dass Sie bereit sind, sich auf ihre Aussagekraft zu verlassen. Dann können Sie viel entspannter lesen und sind viel leichter bereit, sich von Ihrer alten Wort-für-Wort-Lesestrategie zu verabschieden: weil Sie wissen, dass Sie dabei nichts an Information verpassen, sondern im Gegenteil nur gewinnen!

• •

VERLASSEN SIE SICH AUF DIE AUSSAGEKRAFT DER FAHNENSCHWENKER

Sinnsignale geben Ihnen im Rahmen des jeweiligen Kontexts den Anstoß, der Sie in die richtige Richtung lenkt. Sie bekommen ein Gefühl dafür, was auf Sie zukommt. Das macht es für Sie leichter, mit wenig Aufwand viel zu verstehen.

• •

Die Portionierer: Punkt, Komma & Co

Eine zweite große Hilfe zum Aufspüren von Chunks sind Satzzeichen: Punkt, Komma, Rufzeichen, Fragezeichen, Semikolon, Doppelpunkt, Gedankenstrich und Anführungszeichen, um die wichtigsten zu nennen. Auch wenn Sie beim Stichwort Komma die Nase rümpfen, weil Sie schon in der Schule von

Ihren Lehrern gepiesackt wurden, diese kleinen Striche an die richtige Stelle zu setzen: Die Interpunktion sollte unbedingt Ihre Freundin werden!

Satzzeichen sind dazu da, um uns das Verständnis und das Lesen leichter zu machen. Sie sind – neben den Wörtern – dafür zuständig, Sinn und Bedeutung zu schaffen. Denken Sie nur an das berühmte Beispiel vom König, der keine Kommas setzen konnte. Er händigte dem Boten einen Zettel aus, auf dem die Anweisung an den Exekutor stand:

„Ich komme nicht köpfen."

Sie können sich vorstellen, dass der Exekutor sich ratlos am Kopf kratzte. Sollte das nun heißen „Ich komme, nicht köpfen" oder „Ich komme nicht, köpfen"? Kürzlich sah ich eine Frau mit der folgenden Aufschrift auf ihrem T-Shirt: „Wir essen jetzt Opa. (Satzzeichen retten Leben)" – Ich nehme an, Sie wissen, wie ein Komma Opas Leben retten kann, oder?

Nun, ein Satzzeichen kann nicht nur Leben retten, sondern auch unsere Leseleistung verbessern. Denn Satzzeichen geben einem Text Sinn und Struktur. Sie werden überall dort gebraucht, wo Aussagen voneinander getrennt werden, also zum Beispiel, um einen Hauptsatz von einem Nebensatz abzugrenzen oder um eine direkte Rede erkennbar zu machen.

Ein paar Beispiele:

Sobald es mir gelingt, die Perlen aufzufädeln, schenke ich dir die Kette.
Er hatte gestern – das erfuhr sie erst heute – die Kündigung eingereicht.
„Was meinst du", sagte Tor und krauste die Stirn. „Soll ich Freja heiraten?"

Diese Interpunktionen geben Ihnen klare Hinweise auf die Chunks, die Sie jeweils mit einer Augenfixierung erfassen können. Ihr Gehirn fragt nach der nächsten Botschaft – und das Auge erkennt ein Satzzeichen und fixiert automatisch an der richtigen Stelle. Sie sind ja mit Absicht so gestaltet, dass sie sich von den Buchstaben abheben.

Ursprünglich wurden Punkt und Komma erfunden, um einem Redner Hinweise auf Tonfall und Atempausen zu geben – Texte wurden damals ja hauptsächlich zum Zweck geschrieben, laut vorgetragen zu werden. Daher fügte man Zeichen ein, die dem Redner gut ins Auge sprangen, damit er sein Auditorium begeistern konnte. Erst mit der Erfindung des Buchdrucks veränderte sich die Verwendung der Satzzeichen. Nun konnten viel mehr Menschen Bücher lesen, und sie lasen still vor sich hin. Daher brauchte man die Satzzeichen nicht mehr als Hinweis für die Intonation in der Rede. Stattdessen kennzeichneten sie die Satzstruktur, was das Leiselesen vereinfachte. Und das ist auch der Sinn von Satzzeichen bis heute geblieben. Früher gaben sie dem Redner Hinweise für die Rede, heute geben Ihnen Satzzeichen Hinweise auf Chunks, sodass Sie rasch durch den Text kommen.

Wenn Sie Wort für Wort lesen, sind Sie nicht nur langsam. Sie zerstören damit auch das, was Ihnen die Interpunktion am Präsentierteller serviert: Sinnzusammenhänge. Das ist nicht zu unterschätzen. Die Interpunktion verschafft darüber hinaus einem Text nicht nur Struktur und Sinn. Mit dem Setzen von Satzzeichen gibt ein Autor seiner Sprache auch Nuancen – und die erkennen Sie nur, wenn Sie sich beim Chunking an der Interpunktion orientieren.

In Abbildung 5 auf Seite 78 können Sie erkennen, dass der Leser wegen seiner vielen Regressionen über ein Satzzeichen hin- und herspringt. Auf die Art ist er nicht nur langsam, sondern verhindert auch, dass er sein Hirn mit sinnvollen Einheiten füttert. Wenn Sie viele Regressionen machen, kann Ihnen genau das passieren – und wieder haben Sie ein Problem mit dem Verständnis!

Die Hochhäuser: Großbuchstaben

Noch einen Orientierungspunkt habe ich für Sie: Substantive. Substantive oder Hauptwörter – beginnen immer mit einem Großbuchstaben und sind daher leicht erkennbar. Wenn Sie nun wissen, dass die das Substantiv begleitenden Wörter fast immer davor stehen, hilft Ihnen das beim Chunken:

*Dunkel war der **Rittersaal** und kalt. In der **Mitte** stand eine riesige **Tafel** und man konnte sich lebhaft vorstellen, wie **Arthus** und seine **Mannen** hier speisten.*

Vor dem Substantiv finden Sie Artikel, Adjektive und manchmal auch Adverbien. Sie sind dazu da, um das Hauptwort näher zu beschreiben. In der Literatur sind Adjektive übrigens verpönt, und das hat einen guten Grund: Sie sind meist gar nicht notwendig, um etwas zu beschreiben, sondern stören nur. Denken Sie zum Beispiel an Gedichte, die darauf ausgerichtet sind, eine Essenz, eine Stimmung auszudrücken. Sie sind weitgehend frei von Adjektiven. Hier die Lyrik von Wilhelm Müller, Sie kennen das Lied vielleicht:

Am Brunnen vor dem Tore
Da steht ein Lindenbaum
Ich träumt in seinem Schatten
So manchen süßen Traum

Von fünf Substantiven haben vier kein Adjektiv. Trotzdem ist die Lyrik wunderschön und stimmungsvoll. Was lernen wir daraus? Was auch immer einem Hauptwort vorangestellt ist, es ist vermutlich nicht so wichtig für den Sinn. Konzentrieren Sie sich also auf das Substantiv, das durch den Großbuchstaben am Beginn des Wortes für Ihr Auge leicht erkennbar ist!

● ●

ERKLÄREN SIE INTERPUNKTION UND SUBSTANTIVE ZU IHREN VERBÜNDETEN

Ernennen Sie die Grammatik zu Ihrer Verbündeten:

- Interpunktion: Zu mindestens 50 Prozent geben Ihnen Satzzeichen Aufschluss auf die Chunks, die Sie fixieren können. Achten Sie also auf Satzzeichen, dann erkennen Sie den Sinn schneller und leichter.
- Substantive: Orientieren Sie sich an den Substantiven. Das Auge kann sie durch die Großschreibung leicht erkennen. Die begleitenden Wörter davor sind meist nicht so wichtig für das Verständnis.

● ●

Augentraining

Nun ist es wieder Zeit, Ihre Augen zu trainieren. Lassen Sie sich bitte nicht vom Inhalt bremsen, es geht noch immer nur darum, den Text möglichst rasch durchzuchunken!

→ Springen Sie mit dem Auge von Wortgruppe zu Wortgruppe, Zeile für Zeile über die Spalten, so schnell wie möglich.

→ Ganz wichtig für diese Übung: Versuchen Sie, jede Wortgruppe mit jeweils nur einer Augenfixierung zu erfassen, ohne die einzelnen Wörter zu erkennen.

Ziel sollte sein, diese Seite diesmal in weniger als 17 Sekunden zu schaffen. Legen Sie sich eine Stoppuhr zurecht. Wenn Sie länger als 17 Sekunden brauchen, wiederholen Sie die Übung so lange, bis Sie innerhalb dieses Zeitrahmens sind.

Gute Leser können mit einer einzigen Fixation etwa fünf bis sechs Wörter gleichzeitig erfassen. Fortgeschrittene Leser erfassen Wortbündel, bei denen – ähnlich dem Lesen von Notenblättern – auch Wörter aus den darüber und darunter liegenden Zeilen erfasst werden. Geübte Schnellleser können durch Einbeziehung des peripheren Sichtfeldes einen kompletten Absatz mit einer einzigen Fixation lesen.

Ab jetzt sollten Sie immer nur noch Wortbündel lesen.
Es folgen einige allgemeine Redewendungen, um das zu üben.

auf alle Fälle	Gütiger Himmel!	Weiberwirtschaft
Das ist ätzend!	abblitzen lassen	Ist gebongt!
sich dahinterklemmen	sich echauffieren	kurz gesagt
Daheim ist daheim	Ecken und Kanten	jemanden abfangen
sich abgeben mit	die Bücher frisieren	ächzen und stöhnen
in Führung bringen	in einem Rutsch	von sich geben
nach Effekt haschen	an etwas herumdoktern	jemandem ähnlich sein
einen Bärenhunger haben	einen Schatten werfen	eine Tüte rauchen
ohne Rücksicht auf	sich einen Ast abbrechen	Äpfel mit Birnen vergleichen
Herr der Lage sein	Man kann nie wissen	Tabula rasa machen
eine echte Plage sein	unter Beschuss geraten	unter die Räder kommen
Daheim bin ich König	im Bereich seiner Kräfte	Dabei sein ist alles!
zum Gähnen langweilig	Darauf kannst du wetten!	kämpfen wie ein Löwe
gackern wie ein Huhn	auf dem Damm sein	mit Händen und Füßen
den Gürtel enger schnallen	die Fäden in der Hand haben	Dümmer als die Polizei erlaubt

Nach jedem Mal notieren Sie unten den Zeitaufwand.

Balkenübung: Augentraining mit der App

Weiter geht es mit der Balkenübung. Bitte wechseln Sie nun zur Website www.brainread.com und starten Sie das Balkentraining. Vergessen Sie nicht, die Geschwindigkeit des Balkens wieder ein wenig zu erhöhen!!

Gehirnjogging

Auch bei den folgenden drei Runden Gehirnjogging bitte ich Sie, sich um ein bestimmtes Ziel zu bemühen:

1. Machen Sie mindestens drei Fehler, wie schon beim letzten Mal.
2. Versuchen Sie für jede Runde weniger als 30 Sekunden zu brauchen – oder, wenn Sie das schon beim vorigen Gehirnjogging geschafft haben, auf jeden Fall in noch kürzerer Zeit als beim letzten Mal fertig zu sein.

Kapitel 4: Nordic Reading Schritt für Schritt

mittellos	mittelgroß	mittellos	riesengroß	saperlot
Wüstenfuchs	Alpenluchs	Alpenlachs	Polarfuchs	Wüstenfuchs
anmalen	anpinseln	abwischen	anmalen	eintunken
spazieren	spazieren	rasieren	tranchieren	begießen
Abstraktion	Andersson	Abstraktion	Adhäsion	Liaison
Parvenu	Avenue	Parvenu	Hauptmenü	Parvenu
Bratenrost	Schinkentoast	Morgenfrost	Wertverlust	Baugerüst
vertretbar	vertretbar	zumutbar	erträglich	goutierbar
pineapple	Peinappell	pineapple	Pinie	Ananas
Reederei	Rederei	Redefrei	Rederei	Reederei
Donau	Moldau	Spree	Donau	Elbe
entwurzelt	entwurzelt	gezeltet	Actionheld	bewurzeln
getestet	befestigt	getestet	entlastet	entschuldigt
belastend	bedrückend	erstickend	erwürgend	belastend
befreiend	erlösend	beatmend	befreiend	belüftend
Sansibar	Kinostar	Hochaltar	Baltasar	abwaschbar
urlauben	zuschrauben	urlauben	erlauben	Weintrauben
Löwenfell	Hundsgebell	Katzenschrei	Fellmütze	Löwenfell
transparent	durchsichtig	durchschaubar	transparent	ersichtlich
durchführbar	durchführbar	erledigbar	Machbarkeit	Unterführung
Kellnerei	Kellerei	Kellnerei	Prahlerei	Prellerei
absondern	Abdomen	entsaften	Sonderpreis	absondern
gefährlich	gefährden	gefahrvoll	gefährlich	tollwütig
Mobilnetz	Mobilnetz	Mobilfunk	Fischnetz	Mobilnetz
Telefon	Television	Telefon	Knieschoner	Nummernkreis

Notieren Sie die Zeit: _____ Anzahl Fehler: _____

83746	83746	74829	39147	47289
45454	54545	77788	25341	45454
22222	22227	22222	22202	30222
11011	10101	10011	11017	11011
73829	48929	36382	93778	73829
64004	37289	64004	90902	87123
30000	74839	20938	30303	30000
59995	55999	59955	59995	95959
93434	47299	93434	99361	89890
63336	66366	33633	63336	33366
42968	54738	29150	42968	93618
99451	73890	99451	19335	52845
42100	42100	42700	76543	67000
15141	51410	56653	15141	89090
25252	55522	25252	22555	55255
36363	33366	66333	36363	66366
11911	39123	51076	11911	37491
76380	67830	76380	44550	19344
10701	23832	10791	10701	38329
34445	54443	75319	34445	75319
230200	194559	230200	164509	77889
77889	88779	97788	78879	77889
99699	60000	90000	66966	99699
70077	90099	70077	20022	70071
23100	23100	11200	21212	12121

Notieren Sie die Zeit: _____ Anzahl Fehler: _____

Kapitel 4: Nordic Reading Schritt für Schritt

waktak	wakdag	waktak	wagdak	dakwag
aabbbb	bbaaaa	aaaabb	aabbbb	abbbba
pikuhl	bekuhl	picool	becool	pikuhl
alskdj	qpwoei	ymxncb	alskdj	zbecvr
sziggs	sziggs	szevvn	eyyght	nniynn
aabbcc	aabbcz	aabbcc	aabbcs	ccbbaa
dddbbb	ddbdbb	dbdbdb	dddbbb	bbbddd
tttooo	ttotoo	tototo	tttooo	ooottt
lkavyr	kavlyr	lkyvar	lkavyr	glafyr
kevost	kevost	gehost	gowest	kevost
mrrrrm	mrrrrn	nrrrrm	rrrrrr	mrrrrr
aaaaaa	bbbbbb	aaaaaa	cccccc	dddddd
ababab	bababa	abbaab	baabba	ababab
qawsed	qywxec	yqxwce	qawsed	mnnbbv
dffggh	dffggh	fgghhj	ghhjjk	hjjkkl
booboo	duuduu	booboo	laalaa	taataa
hebhäp	hebheb	häpheb	hebhäp	häphäp
drjjjp	hfuejf	smchdx	fjdksk	drjjjp
gfdgfd	ztrztr	gfdgfd	kjhkjh	vbnvbn
yyyzzz	yyyzzz	qqqrrr	hhhiii	dddeee
frodem	phrodm	frodem	phredm	fridom
lxtopj	kyupqk	lxtopi	jkzudf	nbdsio
iugfxc	lkghtr	ujgvbd	qbcdzu	iugfxc
kmmmmk	kmmmnk	knnnmk	kmmmk	mkkkkm
derdie	derdie	dasder	diedas	dieder

Notieren Sie die Zeit: _____ Anzahl Fehler: _____

Nun haben Sie schon einiges über das Schnelllesen erfahren und – vor allem – haben Ihre Augen trainiert. Sind Sie neugierig, inwiefern sich Ihre Mühe bereits gelohnt hat? Dann versuchen Sie bei diesem Test, alles anzuwenden, was Sie bisher erfahren haben. Chunken Sie los!

Bitte legen Sie Stoppuhr und Stift parat und beginnen Sie mit dem Test. Zur Erinnerung:

➜ Sie starten die Stoppuhr, sobald Sie das erste Wort lesen, und lesen so zügig wie möglich bis zum Textende. Dann nehmen Sie die Zeit.

➜ Aus der Tabelle entnehmen Sie die Wörter pro Minute, also Ihre Lesegeschwindigkeit, und notieren sie.

➜ Gleich im Anschluss beantworten Sie die zehn Fragen. Es ist immer nur eine der vier Alternativen richtig. Bitte antworten Sie zügig und ausschließlich aus dem Gedächtnis heraus. Nachblättern ist nicht erlaubt!

➜ Errechnen Sie Ihre Verständnisrate und anschließend Ihre effektive Leserate.

Es kann losgehen!

[Textanfang]

Gedächtnismanagement

Wir leben in einer Zeit der Informationslawinen. Immer mehr muss immer schneller erlernt werden. Beruflich ist Flexibilität und Dynamik im Aneignen neuer Wissensgebiete gefordert. „Wissen, was läuft", gut informiert zu sein und den eigenen Tätigkeitsbereich voll zu überblicken wird immer schwieriger, weil Arbeitsbereiche sich schneller verändern: Die Einführung von EDV-Systemen, die häufigen Umstrukturierungen von Arbeitsbereichen mit plötzlich veränderten Arbeitsanforderungen und der zunehmende Erfolgsdruck stellen unser Gehirn auf die Probe. Die eigenen Grenzen werden hier häufig zuerst im Bereich der geistigen Aufnahmefähigkeit und des Gedächtnisses spürbar. In den Medien, Büchern, Zeitschriften und im Internet werden Angebote von so genannten Gedächtnistrainings immer beliebter. Die Hoffnung, durch Hirnjogging oder IQ-Trainings unser Gehirn zu einem gut trainierten Leistungssportler auszubilden, erfüllt sich dabei nur für sehr wenige.

Kapitel 4: Nordic Reading Schritt für Schritt

Viele Gedächtnistechniken eignen sich nicht für den Alltag, da sie im Wesentlichen auf das Lernen von Listen ausgerichtet sind. Untersuchungen haben gezeigt, dass selbst Studenten mit solchen Gedächtnistechniken überfordert sind und diese im Alltag nicht anwenden.

Es gibt jedoch eine effektivere Möglichkeit, sich auf die zunehmenden geistigen Anforderungen unseres Alltags vorzubereiten. Ich nenne diese Methode: Gedächtnismanagement. Sie basiert sowohl auf Ergebnissen der Gehirnforschung als auch auf Erfahrungen, die wir mit verschiedenen Gedächtnistrainings gemacht haben. Worum es dabei geht, werde ich im Folgenden darstellen. Gedächtnismanagement ist nicht eine bestimmte Technik, sondern eher eine Erweiterung der persönlichen Kompetenz im Umgang mit dem Gedächtnis. Dies setzt ein aktives Wissen um die Art und den Aufbau unseres Gedächtnisses und anderer geistiger Funktionen voraus.

Information – so wichtig sie ist – bekommt in unserer Gesellschaft zunehmend Übergewicht. Glaubt man der Werbung, trauen sich junge Berufstätige ohne ihren Laptop nicht mehr aus dem Haus, weil sie sonst fürchten müssen, dass ihre Aktien abstürzen, die Bank eine falsche Überweisung tätigt und der Lieblingsverein in die zweite Liga absteigt, ohne dass sie es mitbekommen. Die größte Angst aber, die zum Kauf unzähliger Organizer und komplizierter Handys mit Internetanschluss führt, ist die, etwas ganz Wichtiges zu verpassen. „Tut mir leid, ich habe das einfach nicht mitbekommen" – diese Ausrede gilt nicht mehr im Informationszeitalter, wenn man mithalten will.

Unser Gehirn tut angesichts eines solchen Informationsdrucks das, was jeder Arbeitsspeicher eines Computers bei Überlastung tut – es schaltet ab. Die daraus resultierenden Gedächtnisprobleme werden dann nicht selten als bedrohlich erlebt, als Versagen. Tatsächlich aber ist dies ein wertvoller Schutzmechanismus. Die Folge einer ständigen ungebremsten Überfütterung mit Informationen wäre nämlich der Zusammenbruch unserer wichtigsten geistigen Fähigkeit überhaupt, des Denkens! Denken ist die Fähigkeit, in den Dingen das jeweils Wesentliche zu erkennen und hieraus Entwürfe für mögliche sinnvolle Handlungen zu entwickeln.

Die Tätigkeit des Denkens erfordert eine gewisse Zeit. Diese bekommt das Gehirn, indem es die Informationsaufnahme vorübergehend drosselt, um sich mit bestimmten Inhalten genauer zu beschäftigen. Informationen können als Wissensbruchstücke, die wir von der Außenwelt übernehmen, wichtige Anregungen für unser Denken und Handeln sein. Wenn sie aber überhand nehmen, werden wir zum geistigen Fließbandarbeiter, der nur noch mechanisch die viel zu schnell heranrollenden Produkte wegsortiert und zuletzt selbst das nicht mehr schafft.

Ein Konzept, um mit der zunehmenden Informationsflut umzugehen, eine sinnvolle Auswahl von Informationen zu treffen, diese zu gliedern und sich dann nur das Wichtige einzuprägen, ist der Schlüssel zum Erfolg. Die meisten Gedächtnisprogramme vernachlässigen jedoch diesen wichtigen Punkt und vermitteln lediglich Methoden, wie man sich Informationen einprägen kann. Dies führt dann häufig nicht zu einer Entlastung, sondern zur Überlastung unseres Gedächtnisses. Eine effektive Entlastung lässt sich nur durch eine gründliche Filterung von Informationen erreichen. Die so herausgefilterten, wirklich bedeutenden Informationen lassen sich mit Hilfe einfacher Gedächtnisstrategien dann effektiv abspeichern, ohne dass die Übersicht verloren geht. Diese Art, mit Informationen sinnvoll umzugehen, nennen wir Gedächtnismanagement. Ein gutes Gedächtnismanagement ist die Voraussetzung für gute Gedächtnisleistungen und schließlich für geistige Leistungsfähigkeit und Erfolg überhaupt!

Das Konzept des Gedächtnismanagements beruht auf dem aktiven Umgang mit dem eigenen Gedächtnis, wobei die Aspekte der Auswahl, Zusammenstellung und Gliederung sowie der Gewichtung von Informationen eine entscheidende Rolle spielen.

Voraussetzung für das aktive Managen von Informationen ist die Kenntnis von Regeln und Grenzen, innerhalb derer unser Gedächtnis funktioniert. Eine entscheidende Tatsache ist, dass wir über verschiedene Gedächtnisarten verfügen, die sehr unterschiedliche Eigenschaften aufweisen.

Folgende Gedächtnisarten lassen sich voneinander unterscheiden:

➜ Kurz- und Langzeitgedächtnis
➜ Zwischengedächtnis
➜ Arbeitsgedächtnis
➜ Vorausschauendes Gedächtnis
➜ Wort- und Bild-Gedächtnis
➜ bewusstes (explizites) und unbewusstes (implizites) Gedächtnis
➜ beschreibend-erklärendes (deklaratives) und Handlungs- (oder prozedurales) Gedächtnis

Welchen praktischen Wert das Wissen über die verschiedenen Arten des Gedächtnisses hat, lässt sich anhand des beschreibenden Gedächtnisses und des Handlungsgedächtnisses zeigen. Wiederholte Handlungen, z. B. das Starten eines Computerprogramms, prägen sich viel besser ein als die bloße Beschreibung dieser Tätigkeit, z. B. durch eine schriftliche Anleitung. Diese Feststellung lässt sich auf viele Alltagsbereiche übertragen und führt zu der nützlichen Feststellung, dass es einprägsamer ist, eine Idee oder einen Gedanken zumindest ansatzweise in die Tat umzusetzen, als sie nur zu denken. Die simpelste Methode, einen Gedanken und eine Handlung zu verbinden, ist das bloße Aufschreiben. Denn Schreiben ist bereits eine Handlung. Wirksamer kann es sein, einen Gedanken bereits im Ansatz durchzuführen. Das Vorhaben, den Schreibtisch aufzuräumen, kann sich durch das Sortieren einiger weniger Papiere besser einprägen als durch das bloße Denken daran. Die Überlegung eines Verkäufers, einen bestimmte Kundenkreis auf das „neue Produkt" anzusprechen, kann beim sofortigen Anrufen eines dieser Kunden an Gestalt gewinnen und sich dabei besser einprägen als der bloße Gedanke, dies tun zu wollen. Unterstützend wirkt hier auch eine andere Eigenschaft unseres Gehirns, die aus der Gestaltpsychologie bekannt ist. Dinge, die einmal begonnen wurden, wollen vollendet werden. Das Gehirn drängt von sich aus auf Vervollständigung einer unvollständigen Handlung. Dies kann jeder im Alltag an eigenen Beispielen nachvollziehen. Wer bereits den Rasenmäher aus der Garage geholt oder vielleicht schon eine Bahn gemäht hat, den stört der nicht gemähte Rasen sehr viel mehr als denjenigen, der bloß mal daran gedacht hat, den Rasen zu mähen. Die Unzufriedenheit resultiert dann nicht so sehr aus der Länge des Grases als vielmehr aus der Tatsache, dass der Rasen unfertig ist (die Gestalt ist unvollständig). Das aktive Einsetzen solcher Gedächtnisstrategien kann geübt werden. Wichtiger ist jedoch das Verstehen der neuro-psychologischen Mechanismen, da zu wenig verstandene Strategien auf einem oberflächlich-technischen Niveau bleiben und nicht wirklich verinnerlicht werden. Es entsteht keine Identifikation und die Motivation, diese Methode einzusetzen, bleibt gering.

[Ende des Textes]

Stoppen Sie nun Ihre Uhr und notieren Sie Ihre Lesegeschwindigkeit mithilfe dieser Tabelle:

0–1 min	WpM	1–2 min	WpM	2–3 min	WpM	3–4 min	WpM
		01:05	940	02:05	489	03:05	330
		01:10	873	02:10	470	03:10	321
		01:15	814	02:15	452	03:15	313
		01:20	763	02:20	436	03:20	305
		01:25	719	02:25	421	03:25	298
00:30	2036	01:30	679	02:30	407	03:30	291
00:35	1745	01:35	643	02:35	394	03:35	284
00:40	1527	01:40	611	02:40	382	03:40	278
00:45	1357	01:45	582	02:45	370	03:45	271
00:50	1222	01:50	555	02:50	359	03:50	266
00:55	1111	01:55	531	02:55	349	03:55	260
01:00	1018	02:00	509	03:00	339	04:00	254

4–5 min	WpM	5–6 min	WpM	6–7 min	WpM	7–8 min	WpM
04:05	249	05:05	200	06:05	167	07:05	144
04:10	244	05:10	197	06:10	165	07:10	142
04:15	240	05:15	194	06:15	163	07:15	140
04:20	235	05:20	191	06:20	161	07:20	139
04:25	230	05:25	188	06:25	159	07:25	137
04:30	226	05:30	185	06:30	157	07:30	136
04:35	222	05:35	182	06:35	155	07:35	134
04:40	218	05:40	180	06:40	153	07:40	133
04:45	214	05:45	177	06:45	151	07:45	131
04:50	211	05:50	175	06:50	149	07:50	130
04:55	207	05:55	172	06:55	147	07:55	129
05:00	204	06:00	170	07:00	145	08:00	127

Wie hoch ist Ihre Lesegeschwindigkeit? _____ WpM

Kapitel 4: Nordic Reading Schritt für Schritt

Und gleich geht es weiter mit den Verständnisfragen. Bitte notieren Sie Ihre Antworten auf einem Blatt oder machen Sie einen Kringel um a, b, c oder d.

1. Viele Gedächtnistechniken eignen sich nicht für den Alltag,
   a) weil uns die Fantasie fehlt, um im richtigen Moment eine Eselsbrücke zu kreieren.
   b) da sie im Wesentlichen auf das Lernen von Listen ausgerichtet sind.
   c) da wir nicht ständig Notizzettel mit uns tragen möchten.
   d) da sie im Wesentlichen auf das Lernen von allzu einfachen Begriffen ausgelegt sind.

2. Gedächtnismanagement ist
   a) die Wissenschaft von Wissen.
   b) nicht möglich.
   c) der Umgang mit dem Gedächtnis und anderen geistigen Funktionen.
   d) nicht eine bestimmte Technik, sondern eine Erweiterung der persönlichen Kompetenz im Umgang mit dem Gedächtnis.

3. Unser Gehirn tut angesichts eines sehr hohen Informationsdrucks das, was jeder Arbeitsspeicher eines Computers bei Überlastung tut:
   a) Es schaltet ein.
   b) Es schaltet ab.
   c) Es schaltet schlecht.
   d) Es schaltet aus.

4. Die Folge einer ständigen ungebremsten Überfütterung mit Informationen wäre
   a) der Zusammenbruch des Denkens!
   b) der Verlust der Fähigkeit, Wichtiges von Unwichtigem zu unterscheiden.
   c) das Stilllegen von Sinneswahrnehmungen.
   d) ein erhöhtes Risiko für einen Schlaganfall.

5. Eine effektive Entlastung des Gedächtnisses lässt sich
   a) nur durch eine gründliche Begrenzung von Informationen erreichen.
   b) nur durch eine gründliche Filterung von Informationen erreichen.
   c) nur durch eine strenge „Informationsdiät" erreichen.
   d) grundsätzlich nicht bewerkstelligen.

6. Das Konzept des Gedächtnismanagements beruht auf dem aktiven Umgang mit dem eigenen Gedächtnis, wobei welche Aspekte eine entscheidende Rolle spielen?
   a) Ausgrenzung, Zusammenfügen und Vergleichen sowie das Ausmisten von Informationen
   b) Ausgrenzung, Zusatzinformationen und Gegenargumente sowie das Gleichgewicht von Informationen
   c) Auswahl, Zusammenstellung und Veranschaulichung sowie die Bedeutung von Informationen
   d) Auswahl, Zusammenstellung und Gliederung sowie die Gewichtung von Informationen

7. Die folgende Gedächtnisart wurde im Text nicht erwähnt:
   a) Wahrnehmungsspeicher
   b) Wort- und Bild-Gedächtnis
   c) bewusstes (explizites) und unbewusstes (implizites) Gedächtnis
   d) beschreibend-erklärendes (deklaratives) und Handlungs- (prozedurales) Gedächtnis

8. Die simpelste Methode, einen Gedanken und eine Handlung zu verbinden, ist …
   a) es sofort in Gedanken nachzubilden.
   b) das bloße Aufschreiben.
   c) es mit Hilfe von Mnemen (Eselsbrücken) in das Langzeitgedächtnis zu befördern.
   d) es nachzumachen.

9. Die Gestaltpsychologie lehrt uns, …
   a) dass Dinge, die nicht begonnen wurden, nicht getan werden.
   b) dass Dinge, die einmal begonnen wurden, vollendet werden wollen.
   c) dass Dinge, die herumliegen, langsam Gestalt gewinnen.
   d) dass Dinge zu gestalten Zufriedenheit schafft.

10. Wie viel Prozent unserer Gehirnzellen nutzen wir?
   a) 5 Prozent.
   b) 10 Prozent.
   c) Zu wenig.
   d) Wurde im Text nicht angegeben.

Hier sind die korrekten Antworten, vergleichen Sie:

1	2	3	4	5	6	7	8	9	10
b	d	b	a	b	d	a	b	b	d

Bitte notieren Sie nun Ihre Verständnisrate. Für jede richtige Antwort bekommen Sie 10 Prozent. Wenn es fünf richtige sind, haben Sie eine Verständnisrate von 50 Prozent. Sind es sieben, beträgt die Verständnisrate 70 Prozent.

Zuletzt multiplizieren Sie Ihre Lesegeschwindigkeit mit der Verständnisrate. Ein Beispiel: Sie haben eine Lesegeschwindigkeit von 190 WpM und eine Verständnisrate von 60 Prozent, das ergibt eine effektive Leserate von 114.

Ihre effektive Leserate:

_____ WpM x _____ % = _____ ERR

Kapitel 5

Strategien zum schnellen Leseerfolg

Jedem Tierchen sein Pläsierchen: In diesem Kapitel stelle ich Ihnen Lesestrategien vor, mit denen Sie je nach Text und Leseanlass unterschiedlich vorgehen und so rascher ans Ziel kommen. Sie erweitern Ihre Toolbox und lernen, Chunking, Skimming und Scanning anlassbezogen einzusetzen.

Gratulation! Wenn Sie alle vorgeschlagenen Übungen und das Augentraining regelmäßig mitgemacht haben, dann sind Sie sozusagen vom Kinderrad mit Stützen auf ein großes Fahrrad für Erwachsene umgestiegen. Sie lesen nun in Chunks und haben, so hoffe ich, Ihre Geschwindigkeit erhöhen können.

Damit Sie sich mit Ihrem Rad aufs Gelände wagen können, gebe ich Ihnen nun noch ein paar zusätzliche Werkzeuge an die Hand: Einen Kompass, mit dem Sie sich vor der Fahrt orientieren können, und schließlich montieren wir auf Ihrem Rad auch noch eine Gangschaltung, damit Sie das Tempo dem jeweiligen Gelände und Ihren jeweiligen Zielen anpassen können.

Der Kompass: Fragen vor dem Lesen

Vermutlich werden die meisten von Ihnen sofort zu lesen beginnen, sobald sie einen Text in die Hände bekommen. Das ist ja auch naheliegend, das gebe ich zu. Dennoch ist es nicht effizient. Es ist, als ob Sie sich in Ihr Auto setzen, um zum Kunden zu fahren, ohne zu wissen, in welcher Straße er wohnt.

Ihr Ziel: Was wollen Sie vom Text?

Wohin man blickt, überall findet man Buchstaben und Zahlen, die gelesen werden wollen. Der Wecker läutet am Morgen – und Sie lesen 6:30 auf dem Display der Uhr. Beim Frühstückskaffee lesen Sie auf der Packung Milch, dass sie bereits seit zwei Tagen abgelaufen ist. Ihre Morgenzeitung erwartet Sie mit einer Fülle tagesaktueller Sensationen, Katastrophen und Informationen. Auf dem Weg zur Arbeit lesen Sie das Schild der Straßenbahn, damit Sie in die richtige einsteigen. Im Bahnabteil checken Sie auf Ihrem Smartphone Ihre E-Mails. Unterwegs buhlen Werbeplakate, Citylights und Flugzettel um Ihre Gunst. Ihr Schreibtisch im Büro ist wie immer Landebahn für unzählige Informationen: Sie lesen ein paar Notizen mit der Bitte um Rückruf und Erledigung. Sie fahren den Computer hoch und lesen E-Mail für E-Mail. Später in der Besprechung lauschen Sie dem Vortrag Ihrer Chefin und lesen die begleitenden PowerPoint-Folien mit. Zwischendurch werfen Sie einen Blick auf den schriftlichen Bericht, den man Ihnen in die Hand gedrückt hat. Zu Mittag lesen Sie das Menü, anschließend den Pressespiegel ... Man könnte meinen, man kommt aus dem Lesen gar nicht heraus!

Dazwischen sollen Sie Handlungen setzen, dafür werden Sie schließlich bezahlt. Sie bereiten sich auf ein Meeting vor und müssen überlegen, welche Inhalte Sie Ihren Kollegen präsentieren wollen. Sie holen Angebote für die Büroerweiterung ein und sollen sich für einen der Lieferanten entscheiden. Um ein neues flexibles Gehaltssystem für Ihren Betrieb zu entwickeln, müssen Sie sich durch die Fachliteratur kämpfen und im Internet recherchieren. Und von den 150 E-Mails, die täglich in Ihrer Mailbox landen, müssen Sie die wenigen relevanten Informationen aufspüren, die Sie für Ihre Arbeit brauchen.

Nun frage ich Sie: Wie lesen Sie das alles? Lesen Sie alles Wort für Wort? Die Morgenzeitung genauso wie die Fachliteratur, die Angebote und die vielen E-Mails? Ich hoffe nicht, denn das würden Sie in einem Tag gar nicht schaffen. Oder lesen Sie nach Zufallsprinzip den einen Text schon, den anderen nicht? Auch das wäre alles andere als vernünftig. Vielmehr sollten Sie ganz unterschiedlich lesen, je nachdem, was Sie von dem jeweiligen Text brauchen. Die Morgenzeitung werden Sie zum Beispiel überfliegen und nur jene Artikel genauer lesen, die Ihnen interessant erscheinen. Während Sie Fachliteratur, die Sie für eine Prüfung lernen müssen, genau unter die Lupe nehmen, werden Sie Ihre E-Mails bestimmt nicht wortgetreu auswendig lernen, sondern nur deren Quintessenz erfassen wollen.

Sie haben also beim Lesen unterschiedliche Ziele: um sich einen Überblick zu verschaffen, um konkrete Informationen zu bekommen, um sich Detailwissen anzueignen oder um sich zu unterhalten. Die Unterhaltungslektüre soll hier nicht im Zentrum stehen: Wenn Sie einen Roman lesen, denken Sie bestimmt nicht daran, nur möglichst schnell ans Ende zu kommen, sondern an Spaß. Was uns jedoch bei allen anderen Texten zu schaffen macht, ist einerseits, wie wir die Spreu vom Weizen trennen – also Lesenswertes vom nicht Lesenswerten rasch zu unterscheiden. Andererseits kämpfen wir damit, die lesenswerten Textvolumina zu bewältigen, um möglichst schnell Informationen zu generieren oder vielleicht auch zu lernen.

Jede Strategie beginnt mit der Frage nach dem Ziel. Das gilt auch für das Lesen. Stellen Sie sich vor, Sie arbeiten gerade an einem Personalmarketing-

Konzept. Ziel ist, Ihr Unternehmen als attraktiven Arbeitgeber am Markt darzustellen. Auf Ihrem Tisch liegen ein Stapel Fachbücher, zwei Diplomarbeiten und ein paar Exzerpte zum Thema und in Ihrem Browser haben Sie bereits einige Bookmarks gesetzt zu Firmen, die mit einem guten Beispiel vorangegangen sind. Wenn Sie sich nun Text für Text vornehmen, wären Sie schlecht beraten, einfach drauflos zu lesen. Sie würden Gefahr laufen, sich zu verzetteln oder Dinge zu lesen, die Sie im Moment gar nicht brauchen.

Der erste Schritt zum effizienten Lesen sollte sein, dass Sie sich vorher ein ganz konkretes Ziel setzen. Wenn Sie sich zum Beispiel ein Wirtschaftsmagazin zu Gemüte führen, wollen Sie nicht ausnahmslos alles lesen, sondern nur die Artikel, die Sie auch wirklich interessieren. Und im Fall Ihres Personalmarketing-Konzepts sind Sie gut beraten, sich genau Ihr Ziel zu überlegen, bevor Sie die beiden dicken Diplomarbeiten in Angriff nehmen. Sie werden sich zum Beispiel darauf konzentrieren, im Theorieteil die wissenschaftlich empfohlenen Herangehensweisen herauszufinden. Die Einleitung und die ausführliche Beschreibung der Feldstudie würden Sie vermutlich überspringen. Nur das Fazit am Ende wird Sie wieder interessieren.

Wie oft ist es Ihnen schon passiert, dass Sie eine größere Leseaufgabe lange vor sich her geschoben haben? Ich denke, jeder Schüler, jede Studentin kennt das: Da liegt der dicke Schmöker, langweilig von der ersten bis zur letzten Seite! Ich habe für die Entwicklung meines Trainingskonzepts unzählige Studien durchforstet. Glauben Sie bloß nicht, dass ich sie alle komplett gelesen und mir alles gemerkt habe! Ganz bestimmt nicht, das wäre auch gar nicht vernünftig gewesen. Stattdessen habe ich mir vorher ein ganz klares Ziel gesteckt und mit der klaren Vorstellung gelesen, was mich im Text erwartet. Ich habe dadurch sehr selektiv lesen können und war dabei höchst effizient!

● ●

DEFINIEREN SIE IHR LESEZIEL

Wenn Sie einen Text zur Hand nehmen, um ihn zu lesen, stellen Sie sich vorher die Frage: Mit welchem Ziel lese ich?

- Wer hat den Text geschrieben und was kann ich daher erwarten?
- Welche Fragen möchte ich beantwortet haben?

● ●

Womit wir schon zum nächsten Punkt kommen: Wie können Sie wissen, welche Textstellen Sie lesen sollen, wenn Sie den Text noch gar nicht kennen?

Was können Sie vom Text erwarten?

Beim Lesen ist es im Grunde wie beim Schreiben: Die meisten Menschen denken, dass sie erst dann schreiben, wenn sie Buchstaben auf dem Papier platzieren. Dass sie sich schon vorher Gedanken darüber machen, was sie eigentlich schreiben wollen, ist zwar klar, zählt für sie aber nicht zum Schreibprozess dazu.

Ebenso denken Menschen, dass sie erst dann lesen, wenn sie mit ihren Augen die ersten Wortgruppen erfassen. Sie lesen schön brav jeden Text, den man ihnen präsentiert, von links oben nach rechts unten, von der ersten zur letzten Seite. Kein Wunder, dass wir uns von zu viel Information erschlagen fühlen: weil wir uns erschlagen lassen!

Verhindern können Sie das, wenn Sie sich vor dem Lesen auf den Text einstellen. Sie wissen nun dank Ihrer Zielfestlegung, was Sie vom Text brauchen – nun fragen Sie sich, was Sie vom Text erwarten können. Zu diesem Zweck leihen wir uns ein Werkzeug aus dem Journalismus: die sechs W-Fragen.

Wer, was, wann, wo, wie und warum sind die klassischen Fragen, die Journalisten als Strukturhilfe verwenden, mit denen sie sicherstellen, dass sie zu Beginn eines Zeitungsartikels alle wichtigen Fragen zum Thema beantwortet haben. Ausgehend von der Überschrift Ihres Textes können Sie sich nun fragen:

➙ Wer hat den Text geschrieben bzw. wer könnte ihn geschrieben haben?
➙ Was genau ist das Thema hier?
➙ Wann wurde der Text geschrieben? Ist er aktuell oder schon einige Jahre alt?
➙ Wo: Um welches Land, welche Region geht es?
➙ Wie argumentiert der Autor?
➙ Warum schreibt der Autor das? Was will er uns damit sagen?

Nun sagen Sie vielleicht: Wozu soll ich mir vorher Gedanken über solche kniffligen Fragen machen? Das kann ich doch alles noch gar nicht wissen? Am besten, ich lese den Text, dann habe ich die Antworten sowieso auf dem Präsentierteller!

Der Trick ist der: Wenn Sie sich vorher eigene Gedanken darüber machen, was Sie im Text erwarten könnte, aktivieren Sie Ihr Gehirn, machen es bereit für Ihr Ziel und für die punktgenaue Auseinandersetzung damit. Sie sorgen sozusagen für eine Anschlussverbindung zwischen Ihrem Gehirn und den Gedanken des Autors. Das Gehirn ist ohnehin prinzipiell ständig bereit, Inhalte zu antizipieren. Sie tun ihm also einen Gefallen, wenn Sie sich vorher Gedanken über den Text machen.

Darüber hinaus steigern Sie auch die Merkfähigkeit. Wenn Sie ohne Plan und Ziel mit dem Lesen beginnen, wissen Sie nicht, worauf Sie sich konzentrieren sollen. Ohne Ziel können Sie nicht erkennen, was Sie aus dem Inhalt mitnehmen wollen. Wenn Sie sich vorher klar machen, was Ihr Leseziel ist und was Sie erwartet, wird Ihr Gehirn wacher und die Verständnisrate steigt.

Stellen Sie sich vor, Sie fahren mit dem Auto die Küstenstraße entlang und brauchen einen Geldautomaten, um sich Bargeld zu holen. Weil Sie Zeit haben, tuckern Sie gemütlich auf der schönen Straße dahin, bewundern das Meer, bleiben kurz stehen, um ein Foto zu machen. Sie beobachten eine Schafherde am Rande einer Klippe und die Möwen bei ihren Sturzflügen, um nach Nahrung zu tauchen. Am Ende der Straße sind Sie angekommen – und stellen fest, dass sie den Geldautomaten übersehen haben. So geht es Ihnen, wenn Sie ohne klares Ziel lesen.

Nun fahren wir noch einmal die Küstenstraße entlang. Diesmal wollen wir uns nicht aufhalten, weil wir wenig Zeit haben. Wir vergegenwärtigen uns, welches Ziel wir haben: den Geldautomaten zu finden und Geld von Ihrem Konto abzuheben. Sie fahren zügig die Straße entlang und konzentrieren sich auf Ihr Ziel. Sie finden den Geldautomaten. Am Ende der Straße haben Sie Bargeld in der Tasche – und Zeit gewonnen haben Sie außerdem.

• •

DEFINIEREN SIE IHRE ERWARTUNGEN AN DEN TEXT

Wenn Sie sich auf den zu lesenden Text einstimmen, erhöhen Sie Ihre Lesegeschwindigkeit und auch Ihre Verständnisrate. Die sechs W-Fragen helfen Ihnen dabei:

- Wer ist der Autor bzw. könnte der Autor sein?
- Was genau ist das Thema?
- Wann wurde der Text geschrieben?
- Wo: Um welches Land oder welche Region geht es?
- Wie argumentiert der Autor?
- Warum schreibt der Autor darüber? Was will er uns sagen?

● ●

Ihre Gangschaltung: Lesen vor dem Lesen

Darf ich Sie zu einem kleinen Test einladen? Er beginnt auf der nächsten Seite. Bitte legen Sie sich ein Blatt Papier zurecht und einen Stift. Nehmen Sie Ihre Stoppuhr und stellen Sie sie auf 30 Sekunden ein, denn so schnell sollten Sie mit diesem Test fertig sein!

KÖNNEN SIE SCHNELL LESEN UND DEN INHALT VERSTEHEN?

1. Lesen Sie erst alles durch, bevor Sie etwas tun.
2. Schreiben Sie den heutigen Wochentag in die rechte obere Ecke des Papiers.
3. Schreiben Sie das heutige Datum unter den Wochentag.
4. Zeichnen Sie eine horizontale Linie am unteren Ende des Blatts.
5. Ja, ich bin sicher, dass ich schnell und mit gutem Verständnis lese.
6. Multiplizieren Sie 2 x 3 x 4 und notieren Sie das Ergebnis auf dem Blatt Papier.
7. Unterstreichen Sie das Ergebnis aus Punkt 6.
8. Zeichnen Sie einen Kreis auf die horizontale Linie auf Ihrem Blatt.
9. Werfen Sie einen kurzen Blick aus dem Fenster.
10. Was hatten Sie gestern zum Abendessen?
11. Wie heißt die deutsche Bundeskanzlerin?
12. Wie heißt der amtierende schwedische König?
13. Wer ist der Thronfolger?
14. Wie heißt das Herrschergeschlecht des schwedischen Königshauses?

In Punkt 1 wurden Sie gebeten, erst alles zu lesen, bevor Sie etwas tun. Jetzt, nachdem Sie am Ende der Seite angelangt sind (mit gutem Verständnis), machen Sie nichts mehr.

• •

Haben Sie diesen Test bestanden und nichts geschrieben, sondern nur gelesen? Oder haben Sie Notizen gemacht? Im letzteren Fall brauchen Sie ganz dringend bessere Lesestrategien, denn wenn Sie aufmerksam gelesen haben, dann wissen Sie aus Punkt 1, dass Sie zuerst alles lesen sollen, bevor Sie etwas tun. Und am Ende erfahren Sie, dass Sie gar nichts tun müssen. Wenn Sie während des Lesens Antworten notiert haben und den Anweisungen gefolgt sind, dann haben Sie also Fleißaufgaben gemacht und unnötig Zeit aufgewendet.

Genauso ist es, wenn Sie jemand beauftragt, einen Text zu lesen, und Sie beginnen sofort damit, ohne sich vorher Gedanken zu machen: Sie erledigen Fleißaufgaben, die weder Ihnen noch anderen etwas bringen. Das ist Zeitvergeudung. Sie wissen zu Beginn noch gar nicht, was Sie im Text erwarten wird. Dieser 30-Sekunden-Test zeigt Ihnen, wie wichtig es ist, vorausschauend zu lesen, damit Sie Zeit sparen.

Skimming

Den ersten Gang Ihrer Schaltung beherrschen Sie schon: das Chunking. Nun können Sie weiter Gas geben, indem Sie einen Gang zulegen lernen: Skimming.

To skim the cream bedeutet im Englischen so viel wie das Sahnehäubchen abzuschöpfen. Im übertragenen Sinn meint man damit, sich das Beste aus einer Sache herauszuholen. In unserem Zusammenhang ist damit gemeint, dass wir einen Text überfliegen, um Orientierung darüber zu erhalten, worum es geht, wie der Text gestaltet ist und was uns erwarten wird. Die Verständnisrate beim Skimming ist vermutlich niedriger als beim Chunking, doch sie wird auf jeden Fall besser sein, als wenn Sie in Ihrer alten Wort-für-Wort-Geschwindigkeit mit Subvokalisieren und Regressionen lesen.

Wenn Sie skimmen, dann schöpfen Sie quasi das Wichtigste des Textes ab: Überschriften, Zwischenüberschriften, Sinnsignale oder Schlüsselbegriffe aus dem gesamten Text. Und weil Sie beim Skimmen tatsächlich alles sehen, nur eben in Hochgeschwindigkeit, bleibt bei gut geschriebenen Texten durchaus bis zu 70 Prozent an Verständnis hängen.

Skimmen ist schnelles Chunken. Sie überfliegen den Text mit einer Geschwindigkeit von etwa 500 bis 1200 Wörtern pro Minute. Probieren Sie es einmal aus, das ist etwa das Lesetempo, bei dem Sie eine Seite dieses Buches in etwa einer halben Minute geskimmt haben. Bei dieser Geschwindigkeit bleibt natürlich die Verständnisrate auf der Strecke, doch darum geht es ja auch nicht. Sinn und Zweck des Skimmens ist, dass Sie sich einen guten Eindruck vom Text verschaffen, um zu verstehen, worum es geht.

Praktisch anwendbar ist das Skimmen zum Beispiel beim Lesen einer Zeitung: Sie wollen in etwa wissen, worum es geht. Doch die Details müssen Sie nicht so genau wissen. Es ist mehr als ausreichend, wenn Sie 70 Prozent Ihrer Tageszeitung aufgenommen haben!

In meinen Seminaren kommt es häufig vor, dass Teilnehmer innerhalb der zwei Tage Intensivtraining Lesegeschwindigkeiten von weit über 500 Wörter pro Minute bei einer Verständnisrate von mehr als 70 Prozent erreichen. Die Grenze zwischen Chunking und Skimming ist also nicht in Stein gemeißelt! Für den einen ist die Grenze bereits bei 400 bis 500 Wörtern pro Minute erreicht, weil ab da das Verständnis bereits nachlässt. Bei einer anderen wiederum setzt der Übergang bei einer viel höheren Lesegeschwindigkeit ein, der durchaus bei 1000 und mehr Wörtern pro Minute sein kann. Wenn ich nun in Folge Abgrenzungen zwischen Chunking, Skimming und Scanning mache und dabei Zahlen erwähne, so sehen Sie diese bitte als statistische Durchschnittswerte.

Übung Skimming

Auf der nächsten Seite haben wir wieder eine Übung für Sie. Nun dürfen Sie skimmen. Das Ziel ist nicht, 100 Prozent, sondern eher 50 Prozent Verständnis zu erreichen. Bitte fokussieren Sie nicht auf Details. Es geht darum, dass Sie sich einen guten Überblick über den Text verschaffen!

→ Lesen Sie diesen Zeitungstext so, dass Sie pro Zeile nur eine Augenfixierung in der Mitte machen.

→ Springen Sie rasch Zeile für Zeile nach unten, fixieren Sie Ihre Augen jeweils in der Mitte der Zeile und im Tempo von zwei bis drei Zeilen pro Sekunde.

Vom Multitasking ist man schnell multi-überlastet

Ich bin sehr gern multitaskingfähig. Das war ich schon immer. In unserer Gesellschaft ist es ein Vorteil, flexibel, bereit, schnell zu sein. Multitasking erschien mir richtig zu sein, denn das heißt im Grunde, fähig zu sein, mehreres gleichzeitig zu tun. Ich war so weit gegangen, dass ich essen konnte und gleichzeitig fernsehen, und wenn dann noch das Handy klingelte, ging ich ran, und während ich telefonierte, öffnete ich das Notebook neben mir und schickte die vom Anrufer gewünschte Datei umgehend.

Datei gesendet, einen Schluck Wasser zwischendurch, und schon bin ich auf dem Weg in die Küche , koche mir einen Kaffee, bemerke, dass der Postbote da ist, mache die Tür auf, setze mich wieder an den PC, esse den Rest der Pasta und bin immer noch am Telefon. Zum Glück bin ich kein Raucher, sonst hätte ich es in meine Routine auch noch miteinbezogen. Meine Freundin hat mich mal dabei erwischt, als ich die Treppe herunterkam, einen Teller in der Hand haltend und das Telefon zwischen Kopf und Schulter geklemmt.

Eine Weile in diesem Zustand der Überbeschäftigung zu verharren, macht mir auf jeden Fall Spaß. Man fühlt sich dazugehörig, lebendig. Es gibt einen Spruch, der sagt: „Man tut sich weh, um das Leben zu spüren." Bis man eines Tages krank wird und merkt, dass man einen Gang zurückschalten muss. Man wird vom Körper und der Gesundheit gezwungen, eine Zwangspause einzulegen.

Man kann so auf Dauer NICHT effizient bleiben, man geht kaputt. Wenn jemand ein ähnliches Verhalten aus eigener Erfahrung kennt und wegen dieser Art von Überlastung, die körperliche Beschwerden nach sich zieht, eine Zeit lang täglich zwei Tabletten nehmen muss, der weiß, wovon ich rede.

Gezwungenermaßen musste ich mich mit meiner Art, Dinge schnell fertig zu bekommen, beschäftigen und lernen, dass man zwar grundsätzlich schon mehreres gleichzeitig erledigen kann, aber bestimmt nicht auf diese Art.

Jetzt werden Sie bestimmt denken: „Naja, wie blöd kann man denn sein, so ungesund zu essen?" Gut, da haben Sie Recht. Doch achten Sie einmal auf Ihre Art zu arbeiten. Sie werden feststellen, dass doch einiges Multitasking-Fähigkeiten voraussetzt. Wir sind alle wie ein Betriebssystem, das gleichzeitig 20 Fenster öffnet, in fünf Programmen gleichzeitig Prozesse startet – bis sich der Rechner irgendwann verabschiedet.

Zwar kommt der Begriff Multitasking aus der Computerwelt – „doch die einzelnen Tasks beanspruchen den Prozessor nicht gleichzeitig, sondern nacheinander. Nur geschieht dies in einer solchen Geschwindigkeit, dass der Eindruck von Gleichzeitigkeit entsteht". Das schrieb Sabine Hildebrandt-Woeckel in ihrem Artikel „Zu viele Bälle in der Luft" in der FAZ. Sie bespricht das Thema Multitasking sehr ausführlich und treffend.

Eine aktuelle Erwerbstätigenbefragung der Bundesanstalt für Arbeitsschutz und Arbeitsmedizin zeigt, dass mehr als zwei Drittel der „Schreibtischarbeiter" täglich mehrere Vorgänge zugleich im Auge behalten müssen und das belastet extrem. Vom Multitasking ist man schnell multi-überlastet.

Vor allem bei der Arbeit ist es besonders schlimm. Da ich als Selbstständiger daheim arbeite, kann ich oft nicht unterscheiden, wann ich Arbeitszeit habe und wann Freizeit. Auf dem Weg zu Freunden noch schnell ein Kundengespräch am Telefon führen – welcher Selbstständige hat das nicht schon mal gemacht?

Neurologen und Psychologen zweifeln immer mehr an dieser Art zu leben. Vor allem amerikanische Hirnforscher haben in den letzten Jahren wiederholt nachgewiesen, dass der Mensch eigentlich nicht in der Lage ist, mehrere Dinge gleichzeitig zu tun. Wie ein Computer können auch wir Dinge immer nur nacheinander tun.

Es ist also schwer, effizient und flexibel zu bleiben und sich trotzdem nicht zu überlasten. Doch ich habe das Problem gelöst.

Wenn der Kopf raucht vor lauter Dingen, die man noch tun muss, und laufend immer mehr Dinge in den Kopf hineingestopft werden, ist die Gefahr groß, dass man Wichtiges vergisst. Man schafft es nicht, alle Aktivitäten im Berufsalltag zu bewältigen und gleichzeitig jederzeit alles im Kopf zu behalten. In unserer schnelllebigen Welt benötigen wir Hilfsmittel, die uns erlauben, alles aus dem Kopf zu herauszuholen.

Die vom amerikanischen Managementberater David Allen entwickelte Methode GTD („Getting Things Done") macht genau das: Gedanken aus dem Kopf herauszubekommen, um sie erst dann wieder in Erinnerung zu bringen, wenn sie gebraucht werden. Ich muss mich nicht zwischen fernsehen und zwei Gabel Pasta gedanklich auch noch an etwas erinnern, das ich im Moment gar nicht brauche. Mein Kopf ist frei, meine Lebensqualität ist dadurch einfach besser geworden.

Ich schreibe morgens eine To-do Liste, ordne alle Aufgaben Kategorien zu, z. B. Telefonate, PC, zu Hause, unterwegs etc. Das vereinfacht das Leben ungemein, weil jede Kategorie für ein bestimmtes Werkzeug oder eine Örtlichkeit (oder beides kombiniert) steht. Die Kategorien sind als eine Art Listen-Überschrift zu verstehen.

Das mache ich am liebsten am PC, dann gehe ich den ganzen Tag meine Liste durch und so entsteht zwangsweise eine neue Liste, die per Hand den ganzen Tag ergänzt worden ist. Am nächsten Morgen kontrolliere/ergänze /tausche ich die Liste mit den neuen Einträge am PC aus und drucke sie erneut aus. Mittlerweile lässt sich das auch in der Cloud mit geeigneten Apps bewerkstelligen.

Alle Rechnungen, Briefe, alle Zettel die ich um mich herum habe, gebe ich in eine Datei namens „Inbox". Auch jeden Gedanken, jedes Projekt, jedes lose Ende, das noch im Kopf herumschwirrt, sollte man aufschreiben. Alte Zeitungen, Weihnachtskarten vom letzten Jahr usw. gehören entsorgt.

Die Inbox wird von oben nach unten durchgearbeitet und es wird sofort entschieden:

→ Unwichtig? In den Müll, löschen
→ Lässt es sich innerhalb von zwei Minuten erledigen? Tu es gleich!
→ Ist es delegierbar? Weiterleiten!
→ Wenn keiner der oberen Punkte zutrifft: Was genau ist der nächste Schritt? Aufschreiben und einer passenden Kategorie zuordnen!
→ Ist es nur eine Info für ein altes „Projekt" oder ist das ein größeres Projekt, das erst geplant werden muss? Erst planen und anschließend wie vorherigen Punkt vorgehen!

Wichtig ist dabei, sofort zu entscheiden: Was ist konkret als Nächstes zu tun? Denn sonst spukt die Aufgabe weiter im Kopf herum! Ich kann es selbst kaum glauben, wie sehr ich mich freue, morgens aufzustehen und meine Liste durchzugehen und meinen Papierkram zu sortieren. Ich bin danach wie befreit und viel aktiver. Erst dann mache ich Frühstück und genieße es.

Ja, dadurch habe ich viel mehr Freiheit und Freizeit und vor allem mehr Zeit zum Genießen. Ich habe mich auch gezwungen, die Mahlzeiten in die Listen aufzunehmen, damit ich in der Zeit nur esse und sonst nichts. Während ich esse, brauche ich kaum an etwas anderes zu denken, mein Kopf weiß: „Alles, was ich tun muss, ist auf der Liste." Sollte mir doch beim Essen etwas einfallen, dann trage ich es schnell per Hand ein und weg ist es, ich muss mich nicht länger damit beschäftigen. Ich mache damit auch weniger Fehler, ich bin auf das jeweils Aktuelle besser konzentriert, ich bin genauso so wie ich sein wollte: effektiver!

[Ende des Textes]

Nachdem Sie diesen Text nun geskimmt haben, stelle ich Ihnen ein paar Fragen. Bitte lesen Sie nicht nachträglich im Text nach, sondern versuchen Sie, aus dem Gedächtnis zu antworten. Sie werden sehen, wie viel Sie mitgenommen haben. Haben Sie gemerkt, dass es um Multitasking ging?

1. Meint der Autor, dass Multitasking gut funktioniert oder nicht?
2. Meint der Autor, dass wir uns mit Methoden helfen können, einen rauchenden Kopf zu vermeiden, oder nicht?
3. Meint der Autor, dass wir gleich entscheiden sollten, was wir zu tun haben, oder nicht?
4. Ist der Autor Raucher oder nicht?

Wenn Sie sicher sind, dass Sie alle Fragen nun richtig beantwortet haben, haben Sie ein 50-prozentiges Verständnis aus der Übung mitgenommen und den Text gut gechunkt.

Wenn Sie sich bei den Antworten nicht sicher sind, dann lesen Sie den Text nochmals auf dieselbe Art und probieren Sie wieder, die Fragen zu beantworten.

Die Unsicherheit kommt wahrscheinlich davon, dass Sie Ihre Wahrnehmungsspanne noch nicht auf eine ganze Zeile hintrainiert haben. Nehmen Sie sich daher mehr Zeit und üben Sie weiter. Es reicht, dass Sie ab nun am Morgen Ihre Tageszeitung zehn Minuten lang so lesen, mindestens zwei bis drei Wochen lang, damit Sie eine Veränderung feststellen. Es liegt nicht an Ihren Augen, sondern nur daran, dass Sie es noch nicht gewohnt sind, in größeren Chunks zu lesen. Wenn Sie regelmäßig üben, können Sie Ihre Wahrnehmungsspanne auf bis zu sechs Wörter steigern! Vier bis sechs Wörter entsprechen in etwa der Zeilenbreite in einer Tageszeitung.

Ich empfehle Ihnen dringend, ab nun nur noch auf diese Art Ihre Tageszeitung zu lesen. Das ist eine sehr gute Übung, mit der Sie Ihre Leseeffizienz enorm steigern können, ohne sich allzu sehr anzustrengen. Wenn Sie in Chunks von fünf Wörtern bei drei Chunks pro Sekunde lesen, schaffen Sie eine Geschwindigkeit von 900 Wörtern pro Minute. Ihre Tageszeitung ist also das perfekte Übungsfeld, um Ihr Leseverhalten langfristig auszubauen.

Weitere Übungen zum Skimming finden Sie im Login-Bereich auf www. brainread.com Nützen Sie sie!

Hier ist die Auflösung zu den vier Fragen zum Skimming-Text: 1. Nein, 2. Ja, 3. Ja, 4. Nein.

Scanning

Den dritten und höchsten Gang nennen wir Scanning. Scanning ist nicht lesen, weil wir nicht alle Wörter aufnehmen wie beim Chunken oder Skimmen. Scanning verwenden Sie, wenn Sie ganz bestimmte Informationen in einem Text suchen. Dabei überfliegen Sie den Text mit einer Geschwindigkeit von 2000 Wörtern pro Minute oder mehr.

Stellen Sie sich das vor wie bei Ihrem Scan-Gerät, das Sie an Ihren Computer angeschlossen haben, um Dokumente oder Zeitungsartikel einzuscannen. Wenn Sie ein Blatt in das Gerät einlegen und auf den Knopf drücken, fährt ein Lichtbalken zügig darüber und tastet den Text oder das Bild ab. Ein Scanner hüpft nicht auf jeder Zeile von links nach rechts, sondern fährt über die ganze Breite nur von oben nach unten.

Unser Auge kann nicht die gesamte Breite einer Seite gleich scharf erfassen, das haben wir in Kapitel 2 bereits besprochen. Wir behelfen uns damit, dass wir das mittlere Drittel einer Seite abscannen. Nehmen Sie ein DIN-A4-Blatt und dritteln Sie die kurze Seite. Falten Sie es dann in Längsrichtung an den Drittelmarkierungen. So bekommt das Blatt drei Spalten. Und nun stellen Sie sich vor, dass Sie innerhalb der mittleren Spalte die Seiten mit den Augen in einer Schlangenlinie von oben nach unten abtasten, wie es in der folgenden Abbildung 8 ersichtlich ist. Acht Sekunden für eine A4-Seite oder vier bis sechs Sekunden für eine Seite in diesem Buch sind ein Richtwert für Sie.

Die Seiten in diesem Buch sind nicht so breit wie auf einem DIN-A4-Blatt, daher fallen die Slalomkurven beim Scanning schmäler aus. Je schmäler eine Seite oder das Textfeld, desto schmäler sind auch die Slalomlinien. Das bedeutet, dass es bei einer Tageszeitung reicht, in der Mitte der ohnehin schon schmalen Spalten nach unten zu fahren, da brauchen Sie keine Slalomlinien mehr nachvollziehen. Sie erinnern sich vielleicht an die Ausführungen in Kapitel 2, in denen wir feststellten, dass ein etwa Vier- bis Fünf-Grad-Winkel

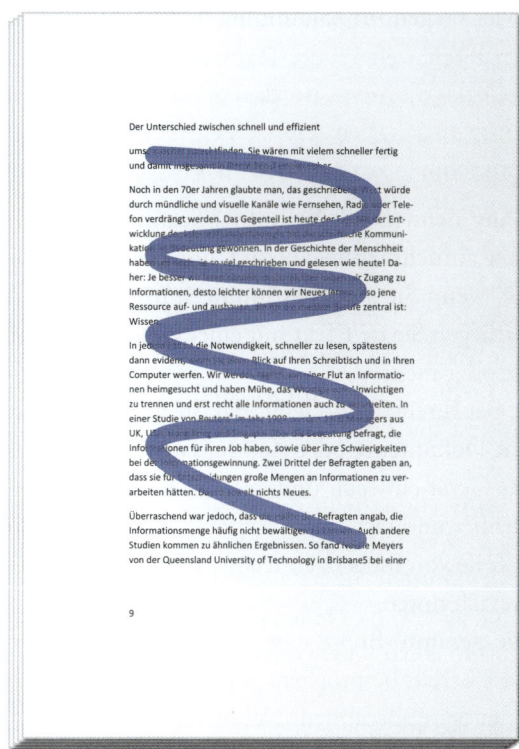

Der Unterschied zwischen schnell und effizient

ums[...]finden. Sie wären mit vielem schneller fertig und damit insgesamt [...]

Noch in den 70er Jahren glaubte man, das geschriebene Wort würde durch mündliche und visuelle Kanäle wie Fernsehen, Radio oder Telefon verdrängt werden. Das Gegenteil ist heute der Fall. Der Entwicklung der [...] Kommunikation [...] Bedeutung gewonnen. In der Geschichte der Menschheit haben [...] so viel geschrieben und gelesen wie heute! Daher: Je besser [...] Zugang zu Informationen, desto leichter können wir Neues [...] also jene Ressource auf- und ausbauen, [...] zentral ist: Wissen.

In jede[...] die Notwendigkeit, schneller zu lesen, spätestens dann evident [...] Blick auf Ihren Schreibtisch und in Ihren Computer werfen. Wir werden [...] Flut an Informationen heimgesucht und haben Mühe, das W[...] unwichtigen zu trennen und erst recht alle Informationen auch zu [...] eiten. In einer Studie von Reuters [...] im Jahr 1998 [...] gers aus UK, U[...] Bedeutung befragt, die Infor[...] onen für ihren Job haben, sowie über ihre Schwierigkeiten bei der [...] nationsgewinnung. Zwei Drittel der Befragten gaben an, dass sie für [...] ungen große Mengen an Informationen zu verarbeiten hätten. [...] it nichts Neues.

Überraschend war jedoch, dass [...] Befragten angab, die Informationsmenge häufig nicht bewältigen [...] Auch andere Studien kommen zu ähnlichen Ergebnissen. So fand Neale Meyers von der Queensland University of Technology in Brisbane5 bei einer

9

Abbildung 8: Scannen, ein Slalomlauf über die Seite

Ihres Sehfelds für das Abtasten von Zeilen perfekt ist. Genau das wollen wir beim Scanning praktizieren. Beginnen Sie also in der zweiten Zeile, etwa beim dritten Wort, wie es in Abbildung 8 zu sehen ist. Zwei oder drei Wörter vor dem Zeilenende machen Sie einen Bogen und fahren etwa drei Zeilen darunter mit dem Auge zurück, wo Sie wieder zwei oder drei Wörter vor dem Zeilenbeginn erneut einen Bogen machen. Auf die Art haben Ihre Augen tatsächlich alles auf der Seite gesehen, ohne etwas ausgelassen zu haben, denn in diesem Fünf-Grad-Winkel nehmen Sie nicht nur Wörter links und rechts wahr, sondern auch in den Zeilen darüber und darunter.

Beim Scannen geht es nicht um ein Leseerlebnis. Sie lassen sich vielmehr berieseln. Das Gehirn wird das eine oder andere Schlüsselwort aufnehmen. Sie machen sich mit dem Layout vertraut, schnappen vereinzelte Sinnsignale und Schlüsselwörter auf und können abschätzen, ob der Text schwer oder leicht zu lesen sein wird. Sinn und Zweck des Scannens ist, dass Sie sich einen ersten Leseeindruck sowie Orientierung verschaffen. Sie werden nicht unbedingt mehr als einzelne Sinnsignale mitnehmen können, doch das ist auch nicht das Ziel des Scannens. Wenn Sie sich dafür entscheiden zu scannen, geht es nicht darum, eine hohe Verständnisrate zu erzielen.

Wenn Sie scannen und dabei auch noch die vorher besprochenen sechs W-Fragen im Hinterkopf haben, werden Sie einiges im Gehirn abspeichern können, auch wenn Ihnen das nicht bewusst ist. Sie wissen schon: Unterschätzen Sie nicht die Fähigkeiten Ihres Gehirns! Diese Informationen werden nicht lange gespeichert, doch zumindest bis zum nächsten Schritt, bei dem Sie schließlich Ihren Text richtig lesen.

Ob Ihnen der Text nun lesenswert erscheint oder nicht, entscheidet darüber, wie Sie weiterlesen werden. Wenn es sich um einen interessanten und leicht zu lesenden Text handelt, könnten Sie langsam oder doch schneller skimmen, je nach Ihrem Geschmack. Wenn Sie jedoch den Inhalt des Texts lernen wollen oder wenn es sich um einen schwierigen Text handelt, dann ist chunken wohl besser.

Im Grunde genommen ähnelt die Vorgangsweise jeder anderen vernünftigen Planung, bei der Sie Ihre Ressourcen einteilen müssen. Wenn Sie für das kommende Wochenende vorhaben, wandern zu gehen, werden Sie auch vorher einen Blick auf die Landkarte werfen. Sie werden wissen wollen: Ist der Weg steil oder steigt er nur gemächlich an? Wie viele Stunden werde ich zum Gipfel brauchen? Ist auf dem Weg ein Klettersteig zu überwinden? Sie schätzen ein, was Sie erwartet, und prüfen, wie schnell Sie gehen müssen. Und Sie entscheiden: Will ich den Weg genießen oder möchte ich meine sportliche Leistung auf den Prüfstand stellen? Sie schauen voraus – und wissen, was auf Sie zukommt und wie Sie sich verhalten werden. Genauso wie beim Lesen eines Textes!

Probieren Sie das Scannen doch gleich mal aus:

➜ Scannen Sie in diesem Buch die folgenden Kapitel bis Seite 150, also bis inklusive dem Kapitel „Tageszeitungen: ruck-zuck gelesen".

➜ Als Orientierung für die richtige Scan-Geschwindigkeit gilt: Pro Seite benötigen Sie vier bis sechs Sekunden – das entspricht einer Geschwindigkeit von etwa 2000 Wörtern pro Minute.

➜ Notieren Sie anschließend:
  • Welche Wörter sind im Kopf hängengeblieben?
  • Welche Überschriften, Grafiken und andere Elemente haben Sie gesehen?

Möglicherweise haben Sie nun gar nicht viel notiert, doch das macht gar nichts. Es bedeutet nur, dass vieles nicht in Ihr Bewusstsein gehoben wurde. Im Unterbewusstsein haben Sie jedoch sehr viel mitgenommen, mehr als Sie glauben! Und das reicht auch für den nächsten Schritt im Leseprozess. Doch davon erfahren Sie später mehr.

Variieren Sie Ihre Lesegeschwindigkeit

Nun haben Sie eine Gangschaltung, mit der Sie zwischen langsamem Chunking und schnellem Scanning variieren können. Welche die richtige Geschwindigkeit ist, werden Sie individuell entscheiden. In Abbildung 9 sehen Sie Beispiele: Ist der Text schwierig, beinhaltet er also viele Fachvokabeln oder lange Schachtelsätze, so werden Sie sich für ein langsames 3-mal-3-Chunking entscheiden (das sind im Schnitt 500 Wörter pro Minute) Das bedeutet, dass Sie eher kürzere Wortgruppen von drei Wörtern ins Auge fassen und pro Sekunde drei Augenfixierungen machen. Ist der Text leicht, können Sie schneller chunken. Auch entsprechend Ihrem Anspruch an die Verständnisrate, die Sie erzielen möchten, oder Ihren gewünschten Zeitaufwand haben Sie nun die Wahl.

Kapitel 5: Strategien zum schnellen Leserfolg

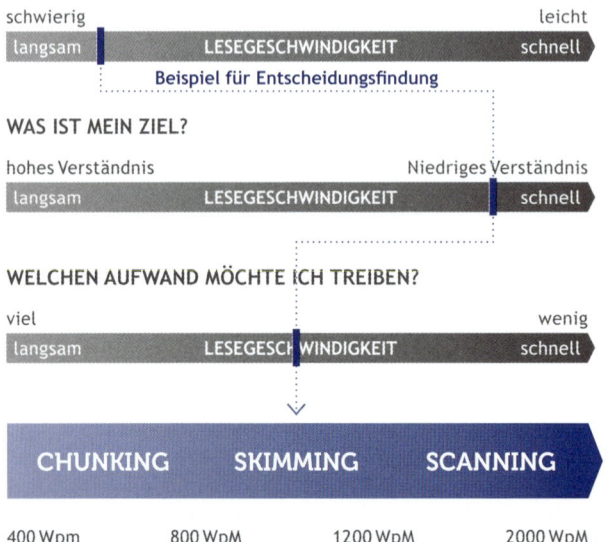

Abbildung 9: So entscheiden Sie sich für die passende Geschwindigkeit

Augentraining

Skimming und Scanning funktionieren nur, wenn Sie mit Ihren Augen flink sind. Daher lade ich Sie ein weiteres Mal auf eine Runde Geschwindigkeitstraining für Ihre Augen ein. Haben Sie Ihre Stoppuhr bei der Hand?

Diesmal ist der Text nur in Spalten geschrieben. Lassen Sie sich nicht vom Inhalt ablenken, es geht noch immer nur darum, den Text möglichst rasch durchzuchunken!

→ Springen Sie mit dem Auge von Wortgruppe zu Wortgruppe, Zeile für Zeile, so schnell wie möglich.

→ Ganz wichtig für diese Übung: Versuchen Sie, jede Wortgruppe mit jeweils nur einer Augenfixierung zu erfassen, ohne die einzelnen Wörter zu erkennen.

Ziel sollte sein, diese Seite diesmal in weniger als 15 Sekunden zu schaffen! Wenn Sie länger als 15 Sekunden brauchen, wiederholen Sie die Übung so lange, bis Sie innerhalb dieses Zeitrahmens sind.

Schützenhilfe bekommen	ein Auge riskieren	ein Danaergeschenk
etwas deichseln	Knall auf Fall	eine dicke Packung
ein Flachlandtiroler	aus die Maus	aufs Kreuz fallen
deus ex machina	sich fallen lassen	Barfuß bis zum Hals
Farbe bekennen	ein fauler Kunde	alt wie Methusalem
den Ausschlag geben	den Nerv der Zeit treffen	ein ganzer Batzen
auf Granit beißen	freie Hand haben	Rache ist Blutwurst!
das Auge des Gesetzes	ein frommer Betrug	seinem Affen Zucker geben
auf dem Quivive sein	kraft meiner Wassersuppe	am falschen Ende sparen
ausgeflogen sein	den flotten Otto haben	die Seele baumeln lassen
auf blauen Dunst hin	Ich fress einen Besen	auf jeden Cent gucken
sich kalte Füße holen	seinen Obolus entrichten	jemanden bis aufs Hemd ausziehen
hinter die Fassade blicken	mit zweierlei Maß messen	mit gutem Beispiel vorangehen
auf dem Zahnfleisch kriechen	immer die gleiche Platte	in der zweiten Liga spielen
den nötigen Biss haben	Halt die Esse fest!	aussehen wie eine Vogelscheuche
alles, was das Herz begehrt	am längeren Hebel sitzen	sich einen Klotz ans Bein binden
das Land der tausend Seen	sich auf die Zunge beißen	jemandem goldene Berge versprechen
wie ein junger Gott sein	von Pontius zu Pilatus laufen	die Augen vor etwas verschließen
jemandem den Kopf verdrehen	Im Himmel ist Jahrmarkt	die neunschwänzige Katze
den Judaslohn bekommen	aus dem Kaffeesud lesen	sich benehmen wie die Axt im Walde
etwas wie saures Bier anbieten	in die Jahre kommen	sich wie der große Zampano aufspielen
sich in die Wolle kriegen	die letzte Karte ausspielen	Ich kenn doch meine Pappenheimer!
aus den Schuhen kippen	durch die Finger schlüpfen	Dich hat der Esel im Galopp verloren!

Sie ahnen es schon: Es folgt ein weiteres Mal die Übung, die Sie auf der Website www.brainread.com finden. Wechseln Sie zu Ihrem Computer und starten Sie die Balkenübung. Trainieren Sie zehn Minuten lang. Vergessen Sie nicht, die Geschwindigkeit des Balkens von Zeit zu Zeit zu erhöhen!

Das A und O: Vorausschauend lesen

Sie haben nun die wichtigen Werkzeuge – Vorbereitung auf den Text sowie verschiedene Lesegeschwindigkeiten – kennengelernt und können sie anwenden. Nun erfahren Sie, wie Sie sie sinnvoll und anlassbezogen einsetzen können. Die wichtigste Strategie beim Lesen heißt: vorausschauend lesen. Sie ist eine Kombination aus vorbereitenden Fragen, dem Scannen und Chunken eines Textes.

Vorausschauend lesen heißt, dass Sie sich vor dem tatsächlichen Lesen Gedanken machen und sich auf den Text kurz vorbereiten. Das geht bei einer E-Mail ganz schnell, bei einem dicken Wälzer wird es ein bisschen länger dauern – unter dem Strich ersparen Sie sich in jedem Fall jede Menge Zeit.

Die vereinfachte Variante für kürzere Texte wie E-Mails, Briefe, Berichte, Zeitungen und Ähnlichem läuft in einem Dreischritt ab:

Der erste Schritt: Fragen

→ Was ist Ihr Ziel? Bei E-Mails könnte das Ziel zum Beispiel lauten: Ich möchte wissen, was im aktuellen Projekt gerade ansteht.

→ Was kann ich von diesem Text erwarten? Dabei nehmen Sie die sechs W-Fragen zu Hilfe.

Der zweite Schritt: Scannen

Anschließend nehmen Sie den Text und scannen ihn wie oben beschrieben mit einer Geschwindigkeit von etwa 1500 bis 2000 Wörtern pro Minute durch.

Der dritte Schritt: Lesen in Chunks

Wenn Sie nun im dritten Durchgang den Text tatsächlich lesen – sagen wir in einer Geschwindigkeit von etwa 400 bis 500 Wörtern pro Minute – dann wird in Ihrem Gehirn all jenes Wissen reaktiviert, das Sie in der Vorbereitung anhand der Fragen und dem Scannen erarbeitet haben.

Wählen Sie beim Chunken eine Geschwindigkeit, die zwar schnell, aber nicht allzu schnell ist. Manche meiner Teilnehmer rasen an diesem Punkt über den Text, weil sie gerade so schön im Scannen waren, und überfordern sich damit. Es ist Übungssache, bis Sie die für Sie gut passende Geschwindigkeit gefunden haben, seien Sie geduldig. Ziel ist, dass Sie ein gutes Chunking-Tempo finden und durch die Vorarbeiten Ihrem Gehirn ermöglichen, Wissen gut zu verknüpfen. Diese Strategie *Lesen vor dem Lesen* bringt Ihnen eine Steigerung von 10 bis 20 Prozent der Verständnisrate! Und das bei geringerer Lesezeit.

• •

LESEN VOR DEM LESEN

Sie steigern Ihre Verständnisrate um 10 bis 20 Prozent, wenn Sie vor dem Lesen ein paar Überlegungen anstellen:

- 1. Schritt: Stellen Sie die sechs W-Fragen: wer, was, wann, wo, wie, warum.
- 2. Schritt: Scannen Sie den Text: acht bis zehn Sekunden pro A4-Seite, vier bis sechs Sekunden für eine Seite in diesem Buch.
- 3. Schritt: Erst dann beginnen Sie, in Ihrem Tempo zu chunken.

• •

Übung: Vorausschauend lesen

Probieren wir das vorausschauende Lesen einmal gemeinsam aus. Auf der übernächsten Seite finden Sie einen Artikel mit dem Titel „Der E-Mail-Knigge". Bitte blättern Sie noch nicht weiter, sondern überlegen wir uns zuerst gemeinsam:

Ihr Ziel: Was wollen Sie vom Text?

→ Was ist mein Ziel? Stellen Sie sich vor, Sie würden diesen Text nicht deshalb lesen wollen, weil ich Sie dazu auffordere, sondern weil Sie an Tipps zum Verfassen von E-Mails interessiert sind. Ihr Ziel ist also, sich praktische Tipps abzuholen. Damit werden Sie vermutlich theoretische Ausführungen auslassen, falls es solche im Text geben wird.

Die 6 W-Fragen: Was können Sie vom Text erwarten?

➜ Wer ist der Autor? Der Autor ist Göran Askeljung, er ist Trainer für effizientes Lesen, Schreiben und Arbeiten. Was können Sie also von diesem Artikel erwarten? Hoffentlich die gewünschten Tipps! Wäre der Autor ein IT-Techniker, würden Sie vielleicht eher etwas zur Übertragungsgeschwindigkeit und über Spam-Alarmsysteme erfahren. In dem Fall würden Sie sich wohl entscheiden, den Artikel gar nicht erst zu lesen (das ist bekanntlich immer eine sehr gute Entscheidung!).

➜ Was schreibt er? Es geht um E-Mails – und *Knigge* deutet wohl darauf hin, dass es um den guten Ton beim E-Mail-Schreiben und die Lesbarkeit ganz allgemein geht.

➜ Wann wurde der Artikel geschrieben? Offensichtlich ist er neueren Datums, denn so lange gibt es E-Mails ja noch nicht. Die Informationen und Tipps darin werden aller Voraussicht nach also aktuell sein.

➜ Wo – aus welchem Land kommt der Autor? Er ist gebürtiger Schwede, wir können also annehmen, dass er die Gebräuche und Nöte der westlichen Welt kennt.

➜ Wie wird der Autor wohl darüber schreiben? Vielleicht aus der Sicht eines Leidgeplagten? Oder aus Manager-Sicht? Dann beschreibt er vielleicht typische Situationen. Wenn er in seiner Rolle als Trainer schreibt, dann sind vielleicht mehr *dos and don'ts* aufgezählt.

➜ Warum – was waren Ziel und Zweck für den Autor, darüber zu schreiben? Nun, vermutlich möchte er das Verhalten seiner Leserinnen und Leser verändern und sie dazu bewegen, beim Verfassen von E-Mails besser acht zu geben.

Sie sehen, schon allein der Titel eines Textes gibt genug Anlass für konkrete Fragen und erste Vermutungen über den Inhalt. Nun kommt der zweite Schritt des vorausschauenden Lesens:

Scannen Sie nun den Text.

→ Sie wissen, wie das geht: Sie tasten Seite für Seite in Schlangenlinien ab, für eine vollgeschriebene Seite sollten Sie nicht mehr als vier bis sechs Sekunden benötigen. Wenn Sie nicht ganz sicher sind, lesen Sie nochmal auf Seite 132 über die Technik des Scannens nach.

Und nun, nach dem Scannen, lesen Sie in Chunks.

→ Wählen Sie eine angenehme Geschwindigkeit, experimentieren Sie ruhig!

[Text Anfang]

Der E-Mail-Knigge

Die Tatsache, dass wir alle mittlerweile einen Großteil unseres Schriftverkehrs via E-Mail abwickeln, heißt nicht, dass wir gut damit umgehen können. Seit mehr als zehn Jahren sind Mails Alltagskultur, und doch hat sich noch keine adäquate Mailkultur durchgesetzt.

Welche Mailgewohnheiten man mit Freunden pflegt, ist Privatsache, die sich jeder mit seinem Gegenüber ausmachen soll. Aber für den beruflichen Einsatz lohnt sich ein qualifizierter Umgang schon aus einem einzigen Grund: Der Ärger über eine schlechte Mail ist beim Empfänger nur kurz, aber dauerhaft beim Absender, der sein Ziel nicht erreicht.

Aussagekräftige Betreffzeile. Absender und Betreffzeile entscheiden über die weitere Chance einer Mail, beachtet zu werden. Unabhängig von der tatsächlichen Mailadresse ermöglicht jedes Mailprogramm, einen klar wiedererkennbaren Absender mitzusenden, am besten Vor- und Zuname oder die Marke. Die Betreffzeile wird als Kommunikationsmittel grob unterschätzt. Wenn sie nicht überhaupt leer bleibt, enthält sie so nichtssagende Worte wie zum Beispiel „Termin", anstatt gleich zu sagen: wann, wo, mit wem. Bei Antworten sollte man die wesentlichen Punkte (Zusage, Verschiebung) gleich in die veränderte Betreffzeile aufnehmen, das spart Zeit und fällt auf.

Eine ordentliche Signatur, die vom Mailprogramm angehängt wird, gibt wie eine gute Visitenkarte eindeutige Auskunft über den Absender und alle nötigen Kontaktadressen – hilfreich für alle späteren Kontakte und eine Chance, einen fixen Platz im Adressbuch des Empfängers zu bekommen. Es ist auch möglich, eine elektronische Visitenkarte mitzuschicken, vor allem dann, wenn Sie jemand Neuem schreiben, dem Sie in Erinnerung bleiben möchten.

Kurzfassen ist eine weitere wesentliche Devise beim Schreiben von E-Mails – gepaart mit dem Gebot, die wichtige Aussage immer an den Anfang zu stellen. Niemand hat heute Zeit und Muße, eine Seite Text zu lesen, um erst im Schlussabsatz zu erfahren, was er zu tun hat. Die Wahrscheinlichkeit, dass ein Adressat gar nicht so weit liest, ist groß – und damit sinken die Chancen, dass er tut, was der Absender sich wünscht.

Wer zu mehreren Themen etwas zu schreiben hat, sollte besser pro Thema eine eigene E-Mail versenden, denn das hat gleich zwei Vorteile: Mehrere kurze Texte sind schneller geschrieben als ein langer, weil er mehr Überlegungen zur Struktur erfordert. Darüber hinaus lässt sich der Betreff leichter formulieren, und es ist für den Adressaten einfacher, auf die unterschiedlichen Themen zu antworten, ohne die Mail zu überfrachten.

Die Inhalte einer Mail sollten jedenfalls im Textfeld der E-Mail stehen und nicht etwa in einem separaten Dokument, das als Anlage beigefügt wird. Das erfordert vom Empfänger einen getrennten Vorgang, der Zeit kostet, und im Hinblick auf Würmer und Viren können Dateianhänge als unfreundlicher Akt interpretiert werden.

Sparsame Formatierungen sind ebenfalls ein Zeichen dafür, dass der Verfasser gut mit dem Medium umgehen kann. Ganze Sätze in Großbuchstaben, Kursiv- oder Fettschrift zu formatieren erschweren das Lesen. Auch farbiger Hintergrund oder Schrift haben in einer seriösen E-Mail nichts verloren, weil das die Leserin bloß irritiert. Einzelne Wörter fett hervorzuheben, ist jedoch wiederum eine gute Möglichkeit, um wichtige Aussagen deutlich zu machen. Sie helfen dem Leser beim Scannen.

Verwenden Sie Anhänge mit Vorsicht und nur dann, wenn es wirklich nötig ist. Reiner Text gehört in die Mail selbst, Bilder, PDF- oder Word-Dateien sollten nur mit (vermutetem) Einverständnis des Empfängers zugeschickt werden. Dateien mit nicht geläufigen Formaten sind ein unsittliches Angebot. Vernünftiges Sicherheitsverhalten verbietet es, so etwas aufzumachen – also sollte man es auch nicht unaufgefordert verschicken.

Nicht zu unkonventionell. Mails haben einen immensen Vorteil, der zugleich ihr großer Nachteil ist: Sie können per Tastendruck mühelos weiter-

geleitet werden. Da diese Kommunikationsform so einfach und schnell ist, Groß- und Kleinschreibung häufig vernachlässigt wird und auch sonst der Schreibstil unkonventionell ist, wird der Inhalt häufig weniger genau kontrolliert als bei einem offiziellen Brief. Doch einmal abgeschickt, ist die Mail der Kontrolle des Absenders völlig entzogen. Mails können sich blitzartig verbreiten, vor allem an die falschen Empfänger. Darum empfiehlt es sich, nichts zu schreiben, mit dem man eines Tages nicht konfrontiert werden will – selbst wenn der Empfänger ein guter Freund ist.
[Ende des Textes]

So checken Sie Ihre E-Mails

Wenn wir schon so viel über E-Mails schreiben, dann drängt sich natürlich die Frage auf: Wie kann ich meinen täglich überquellenden E-Mail-Posteingang so schnell wie möglich durcharbeiten, ohne Wichtiges zu übersehen?

Als ich so um die Jahrtausendwende bei Microsoft arbeitete, bekamen wir schon damals im Schnitt etwa 200 E-Mails pro Tag in die Mailboxen. Vieles blieb ungelesen. Sprach ich meine Mitarbeiter darauf an, sagten sie: „Ich habe keine Zeit, all das zu lesen. Ich muss doch auch etwas arbeiten!" Als wäre Lesen nicht Teil der Arbeit. Einer meiner Mitarbeiter löste das Problem sehr kreativ. Er stellte sein Outlook so ein, dass alle Mails, die er von mir bekam, rot markiert wurden („denn du bist mein Chef, so weiß ich: Das muss ich auf jeden Fall lesen"), Mails aus unserer Abteilung färbte er grün („die sind wichtig wegen der gemeinsamen Arbeitsprozesse"), jene aus der gesamten Niederlassung blau. Alle anderen ließ er schwarz, sie hatten für ihn niedrigste Priorität („die werden sich schon noch mal melden, wenn es wichtig ist"). Das war seine Taktik.

Er ließ also ein simples Farbleitsystem für ihn entscheiden, was er lesen sollte und was nicht. Dass das keine gute Idee war, können Sie sich vorstellen. Denn nicht jede Mail von mir war wichtig. Was, wenn sich ein Kunde meldete? Seine Mail bliebe nach diesem System schwarz und würde wohl nicht gelesen werden. Die Chancen, dass sich ein Kunde ein zweites Mal meldet, sind nicht besonders groß, sodass das Ignorieren einer Kundenmail einem Verdienstausfall gleichkommt.

Entscheidungen zu treffen ist eine Aufgabe, die hauptsächlich dem Management zugeschrieben wird. De facto werden wir jedoch alle dafür bezahlt, Entscheidungen zu fällen – und oft steht dieses Entscheiden im Zusammenhang mit Lesen. Bei jeder E-Mail müssen Sie entscheiden, ob der Inhalt wichtig oder dringend, relevant oder ein alter Hut ist. Wenn Sie als IT-Consultant arbeiten und Ihnen der Kollege vom Einkauf schreibt, dass sich die Lieferung der dreißig Computer um einen Monat verzögert, werden Sie das hoffentlich als wichtig einstufen und Ihrem Kunden und Ihren Teamkollegen mitteilen. Der Kunde kann sich entsprechend orientieren und Ihr Team wird die Projektplanung adaptieren. Würden Sie die Nachricht als nicht wichtig einstufen, gäbe es vermutlich ein ordentliches Chaos und einen verärgerten Kunden. Umgekehrt bekommen wir mehr als genug Mails, die keine große Beachtung verdienen. Eine Nachricht, die Sie nur in Kopie bekommen, müssen Sie nicht genau lesen, es reicht ein kurzer Blick. Mit der richtigen Lesestrategie geht das ganz schnell.

Der Österreicher Peter F. Drucker, einer der großen Management-Vordenker des 20. Jahrhunderts, sagte einmal, dass Wissen an sich wertlos wäre. Erst wenn es in Handlungen umgesetzt würde, gewänne es an Bedeutung. Das heißt, wir alle müssen in der Lage sein, Informationen wahrzunehmen, sie in ihrer Relevanz zu bewerten und schließlich daraus Handlungen abzuleiten. Effizientes Lesen spielt dabei eine tragende Rolle.

Doch was bedeutet es, effizient zu lesen? Stellen wir uns ein konkretes Beispiel vor: Sie erhalten eine E-Mail von Ihrem Chef. Bisher haben Sie es vermutlich so gemacht: Sie öffneten die Nachricht und begannen zu lesen. Nach ein paar Minuten kam in Ihnen der Verdacht hoch, dass das alles gar nicht wichtig sein könnte. Also doch wieder so ein Chef-Spam! Sie waren verärgert, weil Sie nun fünf Minuten Ihrer wertvollen Zeit vergeudet hatten. Hier ist ein Vorschlag, wie Sie künftig vorgehen können.

● ●

SO HABEN SIE IHRE E-MAIL-BOX RASCH DURCH

Zwei Voreinstellungen helfen Ihnen, Ihre E-Mails schneller abzuarbeiten:
- Stellen Sie Ihr Mailprogramm so ein, dass Sie ein Vorschaufenster eingeblendet haben.

- Den Seitenrand des Fensters für eine E-Mail ziehen Sie so, dass das Fenster schmal ist. Dadurch werden die Zeilen kurz und Sie können schneller lesen.

Die effiziente Strategie, wie Sie Ihr Postfach Mail für Mail schnell durcharbeiten:
- Wer hat geschrieben? Werfen Sie einen Blick auf das Absender-Feld.
- Worum geht es? Lesen Sie den Betreff
- Erst dann scannen Sie den Vorschautext.
- Nur wenn es dann noch notwendig erscheint, lesen Sie die gesamte Nachricht. Oft wird das jedoch gar nicht mehr nötig sein!

Üben Sie diese Vorgehensweise auf jeden Fall einmal am Tag bei mindestens einer E-Mail. Für Übungszwecke schreiben Sie nach dem Scannen des Vorschautextes zwei oder drei Stichworte auf, die bei Ihnen hängengeblieben sind. Dann chunken Sie den ganzen Mail-Text und prüfen Sie: Decken sich die Inhalte im Wesentlichen mit Ihren Stichworten?

Auf die Art können Sie sich selbst beweisen, wie gut dieses selektive Lesen funktioniert. Sie werden sehen, in nur wenigen Tagen sind Sie Meisterin des vorausschauenden Lesens!

• •

Wenn Sie Ihre Mails auf diese Weise checken und trotz Blick auf das Vorschaufenster nicht wissen, warum Sie lesen sollen – dann lesen Sie nicht. Die Entscheidung, etwas *nicht* zu lesen, ist oft die beste! Das gilt natürlich nur, nachdem Sie den Inhalt qualifiziert haben und mit Hilfe des Scannens wissen, dass die Mail nicht lesenswert ist. Für diese Vorgehensweise brauchen Sie pro Mail keine fünf Minuten, sondern gerade mal ein paar Sekunden. Bei 200 Mails am Tag ergibt das am Ende eine beeindruckende Zeitersparnis.

Fokussiertes Suchen

Sie kennen vielleicht die Dienstleistung der Medienbeobachtung. Landau Media in Deutschland oder Observer in Österreich sind Beispiele für solche Anbieter. Als Teil der Öffentlichkeitsarbeit werden Zeitungen, Zeitschriften und heute natürlich auch Online-Journale nach bestimmten Stichworten durchforstet und in einem Clipping oder einem Pressespiegel zusammengefasst. Unternehmen nehmen diese Dienstleistung in Anspruch, um zu sehen, wie sehr sie namentlich in den Medien präsent sind, oder um zu beobachten, was zu bestimmten Themen täglich öffentlich berichtet und diskutiert wird.

Lektorinnen und Lektoren sind es, die bei den Medienbeobachtern die Arbeit tun. Sie recherchieren entweder per Hand oder mit elektronischer Suchabfrage. Sofern sie die Recherche manuell durchführen, gehen sie im Grunde genauso wie in unserer Scanning-Methode vor: Sie habe ihre Stichworte – zum Beispiel *Siemens, Labordiagnostik* und den Produktnamen *Versant®* – und tasten mit ihren Augen alle Zeitungen und Magazine ab, die sich den Themen Medizintechnik widmen. Diese Menschen sind natürlich extrem darauf gedrillt und können bis zu 150 Wörter gleichzeitig suchen, und zwar mit unglaublich hohem Tempo. Sie scannen den Text mit mehr als 2000 Wörtern pro Minute.

Auch Sie können in die Rolle eines solchen Lektors schlüpfen. Nehmen wir einmal an, Ihr Boss legt Ihnen am Freitagnachmittag ein 800-Seiten-Dossier auf den Tisch und bittet Sie, bis Montagmorgen doch bitte alles zu lesen und ihm zu sagen, worum es geht und ob es Ihr Unternehmen in irgendeiner Form berührt.

Na toll, der Chef geht am Wochenende Golf spielen, und Sie dürfen sich mit dem Dossier herumschlagen! Dabei sind Sie am Samstag auf eine Geburtstagsparty eingeladen und werden vermutlich den halben Sonntag brauchen, um sich zu regenerieren. Shoppen wollen Sie auch noch gehen. Bleibt also gerade mal ein halber Tag, den Sie erübrigen können. 800 Seiten an einem Samstagvormittag zu lesen, das werden Sie nicht schaffen. Was machen Sie also? Genau, Sie wenden die Scanning-Methode an. Zunächst überlegen Sie, was Ihren Boss speziell interessieren könnte, indem Sie sich mit Hilfe der sechs W-Fragen auf den Text vorbereiten: Was will er wissen und was kann der Text dazu beitragen? Wer hat ihn geschrieben? Wann wurde er geschrieben, ist er aktuell? Um welchen Bereich geht es konkret? Wie könnte der Autor argumentieren? Warum, zu welchem Zweck hat der Autor das Dossier geschrieben?

Anschließend überlegen Sie sich einige Schlüsselwörter – so, als würden Sie sie im Internet in eine Suchmaschine eingeben. Diese Wörter schreiben Sie auf ein Blatt Papier und versuchen, deren Besonderheiten im Schriftbild zu erkennen. Das Wort *Ölbohrinsel* beispielsweise ist auffallend durch das Ö am Anfang, dem l am Ende und dadurch, dass es keinen einzigen Buchstaben mit Unterlänge hat. Wenn Sie nach *Projektteam* suchen wollen, fällt das P auf, also der Strich mit dem kleinen Bäuchlein am Wortanfang, das j mit dem leicht gebogenen Unterstrich und dem Punkt sowie die beiden tt in der Mitte. Das heißt, Sie versuchen sich das Wort als Bild einzuprägen. Dann scannen Sie den Text in Schlangenlinien mit 2000 Wörtern pro Minute nach diesen Bildern ab. Sie brauchen dafür kein volles Verständnis – es reicht, wenn Sie Ihre Schlüsselwörter finden und sich an den Stellen, wo Sie eines gefunden haben, die Passage genauer ansehen.

Wenn in einem Absatz eines oder gleich mehrere Ihrer Schlüsselwörter vorkommen, ist es Zeit, sich einzubremsen. Nun chunken Sie den Absatz in hohem Tempo durch, um gerade mal so viel Verständnis zu erlangen, dass Sie wissen, worum es geht. Wenn Sie merken, dass es nicht um das Gesuchte geht, vergeuden Sie keine Sekunde mehr an dieser Textstelle, sondern scannen Sie einfach weiter, bis Sie wieder einige Schlüsselwörter an einer Stelle gefunden haben. Sie chunken wieder mit hoher Geschwindigkeit – und wenn Sie feststellen, dass Sie nun endlich an einer interessanten Stelle angelangt sind, können Sie den Text etwas langsamer und ausführlicher lesen, denn dann haben Sie höchstwahrscheinlich wichtige Informationen gefunden, die Sie Ihrem Chef präsentieren können. Chunken Sie jedoch nie so langsam, dass Ihre Gedanken abschweifen. Bleiben Sie selbst dann bei einer Geschwindigkeit, die effizient ist!

Weiter vorne im Buch haben Sie bereits eine Grafik kennengelernt, die Aufschluss darüber gibt, wie Sie die passende Lesegeschwindigkeit wählen können. Wenn wir diese nun im Sinne des Leseauftrags von Ihrem Chef betrachten, sieht das so aus:

Sie wissen zu Beginn nicht, wie schwierig das Dossier zu lesen sein wird. Im Zweifelsfall gilt immer: scannen! In Abbildung 10 wurde daher der erste Regler weit nach rechts geschoben. Sie werden nach wenigen Seiten feststellen, wie schwierig der Text tatsächlich ist. Sollte er anspruchsvoll sein, können Sie immer noch ein wenig langsamer scannen. Was Sie auf jeden Fall nicht tun sollten, ist zu chunken!

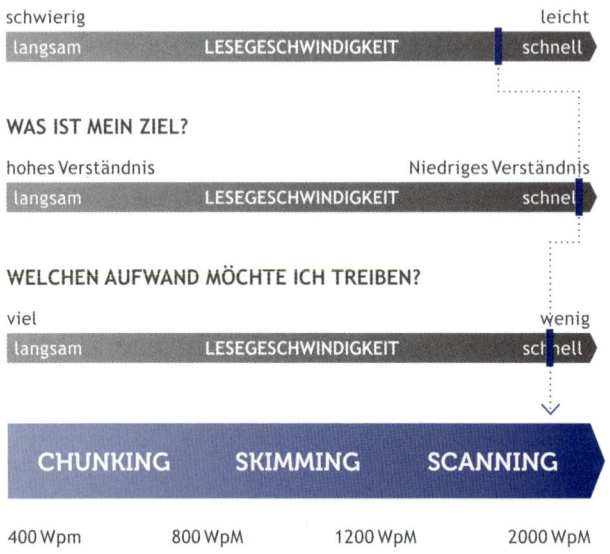

Abbildung 10: Scannen bei fokussierter Suche

Weil Sie nur ganz fokussiert nach bestimmten Inhalten suchen, ist es auch nicht Ihr Ziel, alles zu verstehen. Also werden Sie auch den zweiten Regler nach rechts schieben. Und der Aufwand, den Sie investieren wollen, liegt auf der Hand: Sie haben wenig Zeit, die Geburtstagsparty, zu der Sie geladen sind, ist in ein paar Stunden, also wird auch der dritte Regler nach rechts geschoben. Fazit: Scanning mit etwa 2000 Wörtern pro Minute ist die passende Geschwindigkeit für Ihr Leseprojekt.

In jenen Momenten, in denen Sie sich einbremsen, weil Sie ein paar Stichwörter gefunden haben, verändert sich kurzfristig Ihr Verhalten, wie Abbildung 11 verdeutlicht: An diesen Stellen verändert sich Ihr Ziel, Sie wollen nun viel verstehen. Allzu viel Aufwand wollen Sie dennoch nicht treiben, also werden Sie schnell skimmen mit etwa 1000 Wörtern pro Minute.

In dem Moment, wo Sie bemerken, dass Sie an einer entscheidenden Stelle gelandet sind, schalten Sie in einen niedrigeren Gang und lesen in Chunking-Geschwindigkeit weiter, um ein hohes Verständnis zu erreichen.

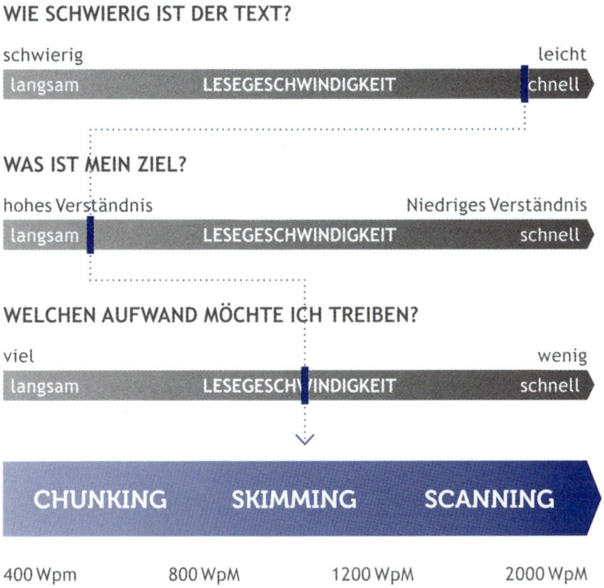

WIE SCHWIERIG IST DER TEXT?

schwierig   leicht

| langsam | LESEGESCHWINDIGKEIT | chnell |

WAS IST MEIN ZIEL?

hohes Verständnis   Niedriges Verständnis

| langsam | LESEGESCHWINDIGKEIT | schnell |

WELCHEN AUFWAND MÖCHTE ICH TREIBEN?

viel   wenig

| langsam | LESEGESCHWINDIGKEIT | schnell |

| CHUNKING | SKIMMING | SCANNING |

400 Wpm   800 WpM   1200 WpM   2000 WpM

Abbildung 11: Skimmen bei fokussierter Suche

Fokussiertes Suchen ist im Grunde eine Visualisierungstechnik. Je besser Sie sich darin üben, sich Schlagwörter als Grafik einzuprägen, desto effizienter werden Sie sein. Vergleichen Sie es mit Piktogrammen oder Verkehrstafeln: Sie haben sich das Bild eines auf den Kopf gestellten Dreiecks mit rotem Rand eingeprägt und erkennen auf Anhieb, dass Sie nun „Vorrang geben" müssen. Da müssen Sie die Tafel gar nicht erst lange betrachten, ein Blick aus dem Augenwinkel reicht Ihnen schon. Üben Sie diese Technik also bei jeder sich nur bietenden Gelegenheit!

Tageszeitungen: ruck-zuck gelesen

Im Grunde genommen können Sie auch Ihre Morgenzeitung ähnlich ungenau lesen. Wenn Sie täglich die FAZ oder die Süddeutsche Zeitung lesen, brauchen Sie erstens nicht alles lesen und zweitens niemals mit dem Anspruch, 100 Prozent verstanden zu haben. Es reichen 50 oder 60 Prozent Verständnisrate.

Viele Tageszeitungen haben praktischerweise mehrere Teile, so treffen Sie bereits eine erste Vorauswahl: Politik – ja. Wirtschaft – unbedingt. Kultur – heute nicht. Sport – ja. Lokalteil – weg damit. Damit haben Sie zwei Fünftel bereits eliminiert.

Im nächsten Schritt nehmen Sie zum Beispiel den Sportteil zur Hand. Sie screenen die Seiten mit etwa 1000 Wörtern pro Minute, lesen die Überschriften und bleiben nur bei jenen hängen, die Sie interessieren. *Schweden besiegt die Ukraine im Faustball* lesen Sie, nun wollen Sie noch wissen, wie das Match ausgegangen ist, und Sie suchen den Artikel nach einer Zahl ab. 2:0 steht da, 1:0 in der Halbzeit. Dass der Trainer der Schweden trotzdem unzufrieden war und dass sich ein Ukrainer während des Spiels verletzt hat, interessiert Sie nicht so sehr, so groß ist Ihre Liebe zu diesem Sport auch wieder nicht. Also brauchen Sie den Artikel nicht genauer lesen! Wie gesagt: Beim Zeitunglesen reicht eine Verständnisrate von maximal 60 Prozent.

Die Trichtermethode für große Textvolumen

Stellen Sie sich vor, Sie haben einen wunderbaren Urlaub vor sich. Zwei Wochen werden Sie im Schatten einer Palme in der Hängematte liegen, den Möwen beim Fischefangen zusehen und vor allem jede Menge Bücher lesen. Also gehen Sie in eine der großen Buchhandlungen, um sich mit Lesestoff einzudecken.

Sie betreten das Geschäft und sind mitten drin im Überangebot. Bücher, wohin das Auge blickt. Doch Sie sind zielstrebig, denn Sie wissen genau, was Sie wollen: ein Buch über Selbstmarketing und Marktpositionierung kaufen, denn Sie wollen sich selbstständig machen. Sie wollen wissen, was Sie alles bedenken müssen, woran Sie Ihre Zielgruppe erkennen und vor allem, wie Sie möglichst schnell zu möglichst vielen Aufträgen kommen.

Also werfen Sie als Erstes einen Blick auf die Orientierungstafel neben der Rolltreppe und finden den Bereich Wirtschaft im zweiten Stockwerk. Dort angekommen, orientieren Sie sich wieder: Links stehen Bücher über den Finanzmarkt, daneben zwei große Regale mit der Aufschrift *Mitarbeiterführung*.

Rechts finden Sie Bücher über Wirtschaftsrecht, auch da werden Sie nicht fündig werden. Ein paar Schritte weiter sind Sie beim richtigen Regal angekommen. *Marketing* steht in großen Lettern auf der Beschriftungstafel. Sie treten näher und nehmen schließlich ein paar Bücher in die Hand, die Ihnen aufgrund des Titels spontan interessant erscheinen. Mit denen ziehen Sie sich zurück und setzen sich in eine der Leseecken des Raumes.

Buch um Buch inspizieren Sie nun: Sie lesen nochmal Titel und Untertitel, dann drehen Sie es um und lesen die Beschreibung auf der Rückseite. Wenn Sie sich angesprochen fühlen, öffnen Sie das Buch und überfliegen den Klappentext vorne, dann die Kurzinformation über die Autorin, um zu prüfen, ob sie auch wirklich wissen kann, was sie zu wissen vorgibt. Schließlich werfen Sie einen Blick auf das Inhaltsverzeichnis. Wenn Sie nun soweit überzeugt sind, schlagen Sie vielleicht auch noch eine beliebige Seite auf und beginnen zu lesen, um sich zu vergewissern, dass der Inhalt angenehm und verständlich geschrieben ist. Erst dann entscheiden Sie sich für oder gegen den Kauf.

Sie haben Ihre Wahl getroffen, indem Sie sich von der Fülle des Angebots Schritt für Schritt weiterarbeiteten und dabei immer konkreter wurden. Genauso machen Sie es nun, wenn Sie sich durch das gesamte Textvolumen eines dicken Schmökers arbeiten, bis Sie Ihr Leseziel erreicht haben. Ich habe dafür die Trichtermethode entwickelt, in Abbildung 12 sehen Sie einen Überblick über diese Lesestrategie.

Im ersten Schritt scannen Sie das gesamte Buch Seite für Seite mit hoher Geschwindigkeit. So verschaffen Sie sich einen Überblick und können entscheiden: Was kann ich weglassen, was ist irrelevant für mein Ziel? Was habe ich bereits ausreichend verstanden? Welche Teile des Buchs werde ich nochmals vertiefend lesen?

In den nächsten Schritten konzentrieren Sie sich nur auf jene Teile des Buchs, die Sie als relevant erachten. Sie lesen den Text mehrmals mit immer geringerer Lesegeschwindigkeit, bis Sie das Gefühl haben, nun ausreichend verstanden zu haben.

Das bedeutet: Anstatt ein Buch von Anfang bis zum Ende mit 200 Wörtern pro Minute (und relativ geringer Verständnisrate) zu lesen wie bisher, arbeiten Sie das Buch mehrmals durch, immer fokussierter und nur auf jene

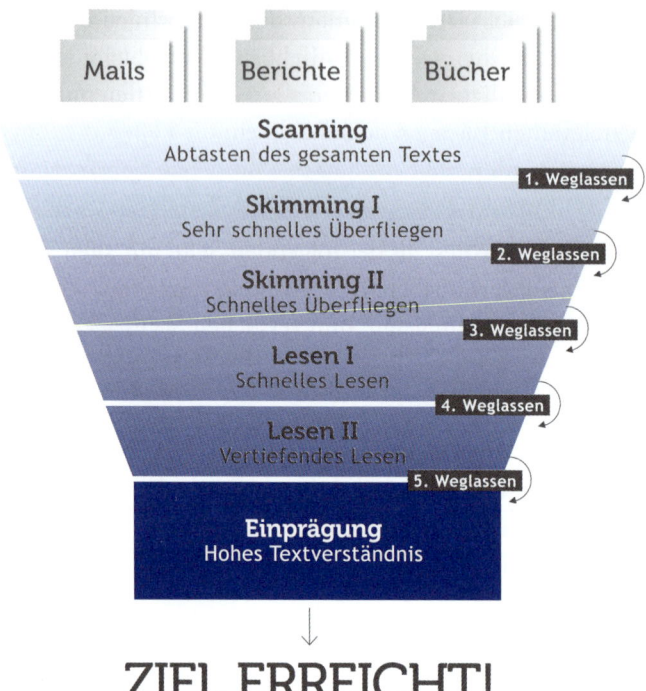

ZIEL ERREICHT!

Abbildung 12: Die Trichtermethode

Inhalte beschränkt, die wirklich relevant sind. Wenn das Buch ein Lehrbuch ist, das Sie für eine Prüfung zu lernen haben, können Sie zum Beispiel zunächst mit 2000 Wörtern pro Minute scannen. Dann skimmen Sie mit 1500 und anschließend mit 900 Wörtern pro Minute, erst dann chunken Sie, zuerst mit 500 und danach noch langsamer mit 250 Wörtern pro Minute, falls das noch notwendig sein sollte. Nachdem sich das langsamere Lesen nur auf einen kleinen Ausschnitt des ganzen Buchs beschränkt, sind Sie insgesamt vielleicht gleich schnell, als hätten Sie das Buch nur einmal mit 200 Wörtern pro Minute gelesen. Der Lerneffekt ist aber ungleich höher, weil Sie sich erstens auf das Wesentliche konzentriert haben und zweitens die wichtigen Inhalte gleich mehrmals in Ihrem Gehirn gelandet sind und so nachhaltiger gespeichert wurden.

Wenn Sie ein Sachbuch nicht lernen, sondern nur dessen Inhalte aufnehmen und verstehen wollen, reichen weniger Durchgänge. Was bleibt ist, dass Sie zuerst mit hoher Geschwindigkeit scannen, eine Auswahl treffen und dann etwas langsamer die relevanten Passagen nochmal lesen.

Lesetest 3

Nun sind Sie gerüstet, den Selbsttest ab der folgenden Seite mit allen Tricks zu probieren, die Sie bisher gelernt haben. In der Übung zum vorausschauenden Lesen haben wir das gemeinsam getan, nun versuchen Sie es alleine:

→ Sie lesen vorausschauend:
  • Lesen Sie den Titel, er heißt „Der Kampf gegen die Zeitdiebe". Was könnte Ihr Leseziel sein? Ich weiß schon, Sie sagen nun: „Na was wohl, ich will bei diesem Test so gut wie möglich abschneiden!" Natürlich, Sie haben Recht. Doch stellen Sie sich vor, Sie müssten den Text aus beruflichen Gründen lesen, weil Sie sich weiterbilden wollen. Was könnte dann Ihr Ziel sein?
  • Beantworten Sie die sechs W-Fragen.
  • Erst dann blättern Sie weiter und scannen den Text. Pro Buchseite haben Sie vier bis sechs Sekunden fürs Scannen!

→ Nun sind Sie bereit für den Lesetest. Zücken Sie Ihre Stoppuhr und einen Stift und chunken Sie los!

[Textanfang]

Der Kampf gegen die Zeitdiebe
Effizientes Work-Flow-Management

So oder ähnlich ist Ihnen die vermeintliche Büro-Szene vermutlich schon einmal untergekommen: Der Kollegenschaft wurde soeben die Nachricht über ein bewilligtes Seminar zugetragen. Während die einen nun ihre Freude darüber offen zeigen, hält sich diese bei anderen Personen sichtbar in Grenzen. Für die einen bedeutet die erlaubte Kursteilnahme längt gewünschte Weiterbildung. Andere sehen darin einen akuten Zeitfresser, denn aus einer Teilnahme an einem Kurs lässt sich nicht schlicht folgern, dass die durch Chefs und Kunden an einen herangetragenen Erwartungen so ohne weiteres ausgesetzt werden. Nicht selten muss die Alltagsarbeit, wenn auch in abgeschwächter Form, weiterlaufen. Arbeitnehmer finden sich generell immer häufiger in einer sich zu schnell drehenden Spirale wieder, die sich aus dem Druck, konkurrenzfähig zu bleiben, ergibt, bei gleichzeitig chronischem Zeitmangel. Öfters zeigen unabhängige Umfragen nun auf, dass sich viele Mitarbeiter außerstande sehen, ihre täglichen Agenden noch innerhalb der normalen Arbeitszeit zu beenden. Dies scheint nur mehr unter Zuhilfenahme von Überstunden möglich. Viele Personen fühlen sich bereits stark überfordert, was das eigene Gefühl der stetigen Müdigkeit verstärkt. Mit der Müdigkeit steigt auch das Maß an Unkonzentriertheit. Zusammen mit dem Gefühl der ständig fehlenden Zeit sinkt die Arbeitsleistung weiter.

Szenenwechsel, Großstadt. Im Lauf der letzten Jahre ist es Usus geworden, dass große Firmen – meist Versicherungen und Banken – die Errichtung eigener Geschäftsgebäude in Auftrag geben, die als Bauobjekt dann unter dem Unternehmensnamen firmieren. Wer an einer solchen Baustelle häufig vorbeikommt und den Baufortschritt regelmäßig mitverfolgen kann, wird die Analogie zwischen dem Fleiß und Tempo der Arbeiter und dem emsigen Treiben eines Bienen- oder Ameisenvolks kaum in Abrede stellen (wollen). Scheinbar ohne Pause wird der Bau Stunde um Stunde vorangetrieben. Zunächst werden Stahlträger aufgestellt, dann Böden und Mauern zementiert, des Weiteren die Glasfassaden eingepasst.

Innenraumaufteilung, Elektro- und Installateurs-Installationen folgen. Böden werden verlegt, Wände gestrichen und abschließend, nach erfolgter Bauendreinigung, werden die Möbel des neuen Büros endlich aufgestellt. Letztlich fehlt nur mehr die Abnahme durch den Auftraggeber. Die Firmenleitung ist hochmotiviert. Sie hofft, dass die beim Bau ein- und freigesetzte Energie auch auf die Belegschaft überschwappt. Die Rechnung geht vorerst auf. Der Umzug in die neuen Räume hat der Belegschaft zunächst einen starken Auftrieb beschert. Das Hoch der ersten Wochen flaut jedoch wieder ab, alte Mängel treten wieder hervor. Das Management sieht die Tatkraft der Wissensarbeiter schwinden. Viele wichtige Aufgaben bleiben unerledigt liegen. Dem Argument der Fachkräfte, dass es an allen Ecken und Enden an Zeit mangelt, können oder wollen die Chefs oftmals nicht folgen.

Kehren wir noch einmal kurz zu den Kursen zurück. Firmen mit Weitsicht haben den Wert in- und externer Fortbildung immer schon erkannt. Von einem Boom der Branche kann jedoch erst ab den 1980ern gesprochen werden – getrieben durch den konkurrenzfähigen Einsatz der EDV durch die PCs. Man scheute damals auch nicht davor zurück, die Chefsekretärin zu einem SQL-Einstiegskurs (Datenbankabfragen) zu schicken. Jene Zeiten, in denen man durch den Einsatz der weitstreuenden Gießkanne für einen Kurs „gelost" wurde, sind heute zum Glück längst schon passee. Firmen sehen die Bildung ihrer Leute heute mit anderen Augen. Die Krisen der Wirtschaft in den letzten Jahren, aber auch der Output der Forschung im Bereich der Führung von Firmen veranlassten die Unternehmen, die Fortbildung ihrer Mitarbeiter pointierter und effizienter zu planen. Sie wurde aber stets auch von den Trends aus der Wirtschaft bestimmt.

Zu Beginn der 80er stand das „Auf-Du-und-Du"-Werden mit dem PC an erster Stelle, man sollte mit der Hardware des PCs, mit seinem System und den typischen Programmen vertraut werden. In den folgenden Jahren standen Office-Pakete und Lösungen für Branchen im Fokus, später die so genannten Softskills. In den letzten Jahren rückte das Thema der „Effizienz" ins Zentrum der Fortbildung. Und hier laufen die Fäden der bisherigen Absätze dieses Textes zusammen: Auf der einen Seite stehen die Firmenmitarbeiter, die den massiven Mangel an Zeit beklagen.

Auf der anderen die Chefs, die sich enttäuscht über fehlende Leistungen zeigen und das Zeitargument, das ihre Teams vortragen, nicht verstehen. Sie sind aufgrund ihrer Aufgabe gezwungen, Zeit optimal zu nutzen. Es zeigt sich, dass der beklagte Zeitdieb häufig im Bereich der E-Mails zu suchen ist.

Des Weiteren sieht man, dass die Leute ihre Zeit nicht mutwillig verschenken, sondern aufgrund von Mangel an Kenntnis des E-Mailing zusammen mit mangelnden Vorgaben seitens der Firma am Abarbeiten der elektronischen Korrespondenzen scheitern. Sie sind hierin schlichtweg nicht geschult!

Es ist fast schon banal festzuhalten, dass es in der Arbeit immer wieder stressige Zeiten gibt, und dies hier und da auch beklagt wird. Steckt jedoch System dahinter, wird es auf Dauer zum Problem. Analysen zeigen, dass der kommerzielle Umgang mit E-Mails in den Firmen oftmals nicht gut genug beherrscht wird. Dadurch gehen täglich bis zu 60 Minuten verloren, anderes bleibt unerledigt liegen, Ziele können nicht eingehalten werden, letztlich steigt der Stresspegel stetig, da das Loch zwischen dem Erreichen und dem eigentlich zu Erreichenden immer größer wird.

Aufgrund der fehlenden Schulung in E-Mail- und Aufgabenverwaltung wird wertvolle Zeit auf ineffiziente, ineffektive und stressige Weise verwendet. Es verwundert daher nicht, dass viele E-Mail-Eingänge hoffnungslos überfüllt sind und es meist auch bleiben. Wichtige und kritische Anfragen bleiben so offen. Dieser Sachverhalt gefährdet die Produktivität des Einzelnen und hochgerechnet auch den Projekt- oder Unternehmenserfolg. Dennoch ist er nur der zweitgrößte Zeitfresser, der uns in der Arbeitswelt begegnet.

Was sind nun tatsächlich die großen Zeitdiebe unserer Arbeitswelt? In einer unlängst durchgeführten Online-Umfrage hat einer der führenden Produktivitätsexperten, Martin Geiger, über 1600 Unternehmer und Führungskräfte nach den größten Zeitdieben befragt. An erster Stelle mit 27 Prozent wurde „persönliches Aufschieben" – das so genannte Prokrastinieren – angeführt, also wenig Lust, mangelnde Motivation – Unangenehmes wird vor sich hergeschoben. An zweiter Stelle, mit 16 Prozent, wurde der mangelhafte Umgang mit Internet und E-Mail angeführt (Ablenkung). Knapp dahinter mit 15,7 Prozent wird die eigene Ablenkung oder mangelhafte Konzentration als wesentlicher Stolperstein angeführt. An vierter Stelle mit 14,7 Prozent wären noch Störungen durch Kollegen usf. zu nennen. Die Mehrlast durch E-Mails stellt sich also als größtes Problem und größter Zeitdieb im Kontext der täglichen Arbeit dar. Dabei bieten vor allem die heute gängigen E-Mail-Programme eine hohe Bandbreite an Funktionen, mit denen der Benutzer Nachrichten bereits sehr einfach handhaben kann. In der Branche nennt man diese Programme auch Personal Information Management Systeme, kurz PIM-Systeme. Hier werden E-Mail-, Kalender-, Aufgaben- und weitere Funktionen unter einem Dach geführt. Zu den bekannten Programmen, die heute fast jeder kennt, zählen z. B. Outlook und Lotus Notes. Das Problem mit den PIMs in der Praxis ist, dass viele nur die einfachen Funktionen kennen und verwenden. Dabei lassen sich auch komplexe Geschäftsfälle im Umfeld der PIMs oft leicht und mit wenig Aufwand lösen. Diesen Umstand verstehen die Firmen immer öfter. Allerdings zeigt sich auch, dass Erfolg im Umgang mit effizienter, ziel- und kundenorientierter Verwaltung von E-Mails letzthin nur im Kontext einer guten und soliden Schulung möglich ist:

ein in der Praxis bewährter Vorgang und solides Produktivitätspaket. Firmen sind also auf der Suche nach einem System, mit dem alles erfolgreich im Flow ist und bleibt. Ein Blick auf den Trainingsmarkt gibt Aufschluss darüber, dass es entsprechende Angebote gibt. In Produktivitätsschulungen bekommen die Teilnehmer einen tiefen Einblick in effizientes Work-Flow-Management unter dem Einsatz von Top-PIMs wie Lotus Notes oder Outlook. Im Anschluss an den Kurs haben sie ein System zur Hand, das ihnen hilft, die wichtigen Aufgaben in der Zeit zu erledigen. Sie gewinnen den Über- und Durchblick bei ihrer Arbeit und werden zu Meistern ihrer Aufgaben und nicht deren erschöpfter Sklave. Damit haben die Teilnehmer nicht nur mehr Freude an ihrem Job und werden produktiver, sie finden sich oft tatsächlich in einem Flow wieder, in dem die Arbeitsschritte ganz leicht von der Hand gehen. Der tägliche Aufwand für das Handling ihrer E-Mails sinkt rapide, sie können diese in kurzer Zeit priorisieren und in konkrete Aufgaben umwandeln. Sie profitieren, ihr Chef profitiert, Kollegen ebenso – und der Firmenumsatz wächst.

[Ende des Textes]

Stoppen Sie nun Ihre Uhr und notieren Sie Ihre Lesegeschwindigkeit mithilfe dieser Tabelle:

0–1 min	WpM	1–2 min	WpM	2–3 min	WpM	3–4 min	WpM
		01:05	1194	02:05	621	03:05	420
		01:10	1109	02:10	597	03:10	409
		01:15	1035	02:15	575	03:15	398
		01:20	970	02:20	555	03:20	388
		01:25	913	02:25	535	03:25	379
00:30	2588	01:30	863	02:30	518	03:30	370
00:35	2218	01:35	817	02:35	501	03:35	361
00:40	1941	01:40	776	02:40	485	03:40	353
00:45	1725	01:45	739	02:45	471	03:45	345
00:50	1553	01:50	706	02:50	457	03:50	338
00:55	1412	01:55	675	02:55	444	03:55	330
01:00	1294	02:00	647	03:00	431	04:00	323

4–5 min	WpM	5–6 min	WpM	6–7 min	WpM	7–8 min	WpM
04:05	317	05:05	255	06:05	213	07:05	183
04:10	311	05:10	250	06:10	210	07:10	181
04:15	304	05:15	246	06:15	207	07:15	178
04:20	299	05:20	243	06:20	204	07:20	176
04:25	293	05:25	239	06:25	202	07:25	174
04:30	288	05:30	235	06:30	199	07:30	173
04:35	282	05:35	232	06:35	197	07:35	171
04:40	277	05:40	228	06:40	194	07:40	169
04:45	272	05:45	225	06:45	192	07:45	167
04:50	268	05:50	222	06:50	189	07:50	165
04:55	263	05:55	219	06:55	187	07:55	163
05:00	259	06:00	216	07:00	185	08:00	162

Wie hoch ist Ihre Lesegeschwindigkeit? _____ WpM

Nun beantworten Sie die Verständnisfragen. Bitte notieren Sie Ihre Antworten auf einem Blatt Papier oder machen Sie einen Kringel um a, b, c oder d.

1. Manche Unternehmensmitarbeiter nehmen nur ungern an Seminaren teil, weil
   a) die Gefahr besteht, dass man nachher befördert wird und dann noch mehr arbeiten muss.
   b) „nette" Kollegen in der Zwischenzeit im Büro am Sessel sägen.
   c) die Alltagsarbeit trotz Seminarbesuch oftmals nebenbei weiterlaufen muss.
   d) sich in der Zwischenzeit im Büro so viel Arbeit ansammelt.

2. Arbeitnehmer finden sich immer häufiger in einer sich zu schnell drehenden Spirale wieder, gebildet aus
   a) dem Druck, konkurrenzfähig zu bleiben, und chronischem Zeitmangel.
   b) Erwartungsdruck durch Vorgesetzte und ständig angedrohten Gehaltskürzungen.
   c) dem Druck der Konkurrenz und Kunden.
   d) der Forderung, Berufliches und Privates miteinander in Einklang zu bringen.

3. Nach dem Umzug in ein neues Bürogebäude flaut das Betriebshoch der ersten Wochen wieder ab:
   a) Ein Motivationstrainer muss her!
   b) Die Raumstruktur wurde am Menschen vorbei geplant und verwirklicht.
   c) Alte Mängel treten wieder hervor.
   d) Der Betriebsrat ist gefragt!

4. Firmen mit Weitsicht haben den Wert in- und externer Fortbildung
   a) immer schon erkannt.
   b) zunächst eingehend hinterfragt.
   c) gutgeheißen und schicken deshalb die Chef-Sekretärin zum SQL-Einstiegsseminar.
   d) verinnerlicht und sind ihren Konkurrenten um die Nasenlänge voraus.

5. Mitarbeiter scheitern oftmals daran, ihre E-Mails professionell abzuarbeiten, weil
   a) sie so häufig ihr Kennwort vergessen.
   b) sie keine Gebrauchsanleitung haben.
   c) sie darin oftmals nicht geschult sind.
   d) sie meistens im Außendienst unterwegs sind.

6. Aufgrund von ineffizienten Arbeitsabläufen verliert man täglich bis zu
   a) 30 Minuten.
   b) 60 Minuten.
   c) manchmal einen ganzen Arbeitstag.
   d) mit oder ohne Pausen?

7. E-Mail-Programme verfügen über eine ganze Bandbreite zusätzlicher Funktionen, um den firmeninternen Work-Flow zu unterstützen. Sie werden auch als PIMs bezeichnet, das steht für
   a) Permanent Inactive Mailing System.
   b) Profit Impact of Market Strategies.
   c) Personal Information Management System.
   d) Project Information Management Systems.

8. Erfolg im Umgang mit effizienter, ziel- und kundenorientierter Mail-Verwaltung ist letzthin
   a) nur mit einer guten und soliden Schulung möglich.
   b) im Selbststudium möglich.
   c) im Austausch mit Kollegen während der Mittagspause möglich.
   d) erst nach einer adäquaten Gehaltserhöhung sinnvoll.

9. Im Rahmen von Produktivitäts-Schulungen bekommen die Teilnehmer einen tiefen Einblick in
   a) allgemeine Abläufe des Berufslebens.
   b) alle Aspekte des Prozessmodelling.
   c) das Versenden von E-Mails.
   d) effizientes Work-Flow-Management unter dem Einsatz von Top-PIMs.

10. Die Inhalte der Schulungen funktioniert nicht nur im der geschützten Seminarumgebung, sondern auch …
    a) … am Arbeitsplatz.
    b) … auf dem Netbook daheim.
    c) … ausschließlich in Zusammenhang mit einer Folgeschulung.
    d) … im Team.

Hier sind die korrekten Antworten, vergleichen Sie:

1	2	3	4	5	6	7	8	9	10
c	a	c	a	c	b	c	a	d	a

Bitte notieren Sie nun Ihre Verständnisrate. Für jede richtige Antwort bekommen Sie 10 Prozent. Wenn es fünf richtige sind, haben Sie eine Verständnisrate von 50 Prozent. Sind es sieben, beträgt die Verständnisrate 70 Prozent.

Zuletzt multiplizieren Sie Ihre Lesegeschwindigkeit mit der Verständnisrate. Ein Beispiel: Sie haben eine Lesegeschwindigkeit von 190 WpM und eine Verständnisrate von 60 Prozent, das ergibt eine effektive Leserate von 114.

Ihre effektive Leserate:

_____ WpM x _____ % = _____ ERR

Kapitel 6

Besser lernen durch effizientes Lesen

Lernen und lesen ist nicht dasselbe. Sie erfahren, wie unser Gehirn beim Lernen arbeitet, unter welchen Bedingungen wir uns etwas längerfristig merken und wie wir beim Lesen darauf Rücksicht nehmen können.

Es gibt oft Missverständnisse im Hinblick auf die Begriffe Lesen und Lernen. In Kapitel 4 haben Sie bereits erfahren, dass wir unter anderem deshalb zu langsam lesen, weil wir unbewusst einem Automatismus verfallen. Wir springen immer wieder Wörter oder Silben zurück in dem Irrglauben, dass wir das Gelesene dadurch besser behalten.

Natürlich können Sie sich auch mit langsamem Lesen Wissen langfristig aneignen. Doch das ist mühsam und sehr zeitaufwändig. Daher haben Sie mithilfe der Übungen in diesem Buch zuerst das Chunking und dann weitere Lesestrategien gelernt, um schneller zu werden. Die Trichtermethode am Ende des letzten Kapitels ist schließlich sozusagen die Königsdisziplin, mit der Sie umfangreiches Wissen rasch erfassen und auch gut und nachhaltig lernen können.

Um besser zu verstehen, was beim Lernen in unserem Gehirn vorgeht, machen Sie mit mir das folgende Experiment:

Das Wortsalat-Experiment

Für dieses Experiment benötigen Sie Papier und Stift, bitte legen Sie sich beides zurecht. Im Folgenden präsentiere ich Ihnen jeweils zehn Wörter in vier Blöcken.

- Bitte lesen Sie einen Block, indem Sie jedes Wort kurz fixieren und gleich zum nächsten springen. Es gibt kein Zurückspringen!
- Für jeden Block haben Sie insgesamt 20 Sekunden Zeit. Das sind 2 Sekunden pro Begriff. Legen Sie sich also Ihre Stoppuhr zurecht.
- Decken Sie dann den Text ab und schreiben Sie auf, was Sie sich gemerkt haben. Wenn Sie auch die Reihenfolge wiedergeben können, wäre das gut, ist aber nicht zwingend notwendig. Hauptsache, Sie schreiben all jene Wörter auf, die Sie sich merken konnten.
- Dann gehen Sie zum nächsten Block über und wiederholen die Vorgehensweise.
- Schummeln verboten – es ist schließlich nur ein Experiment und kein Wettbewerb!

Hier ist der erste Block:

PAP	LUG	NJU	REW	SIG
MET	VJU	YSD	KAJ	FEP

Und nun der zweite Block:

SAG	NET	MAL	LUD	KAM
INS	KAF	TEE	HIN	TAT

Der dritte Block:

Kopf	Gehirn	Hals	Stimmband	Brust
Herz	Bauch	Magen	Fuß	Sohle

Der vierte Block:

Zuerst	das	Wasser	dann	die
Säure	sonst	geschieht	das	Malheur!

Wie ist das Ergebnis des Experiments? Welche Beobachtung können Sie festhalten? Im Folgenden finden Sie die Erklärung dafür, was bei dieser Übung in Ihrem Gehirn abgelaufen ist.

Unser Gehirn nimmt uns viel Arbeit ab

Unser Gehirn selektiert ständig Wichtiges von Unwichtigem und sorgt so dafür, dass Sie sich gut auf eine Sache – Ihre Arbeit, ein Hobby – konzentrieren können. Es ist das Ultrakurzzeitgedächtnis, das diese Aufgabe übernimmt.

Das Summen des Computers, während Sie schreiben, erkennt es sofort als ungefährlich – und so können Sie sich auf den Inhalt des Geschriebenen konzentrieren. Das Klingeln eines fremden Handys bewertet es augenblicklich als nicht relevant, daher können Sie getrost mit der Kollegin weitersprechen. Hätte dieses fremde Handy denselben Klingelton wie Ihres, wären Sie sofort abgelenkt. Sie würden das Gespräch kurz unterbrechen, so lange, bis Sie erkannt haben, dass nicht Sie es sind, die drangehen muss.

Es wäre undenkbar, wäre es anders! Stellen Sie sich vor, Sie sitzen auf Ihrem Balkon und strecken genüsslich alle Viere von sich. Es ist ein sonniger Sonntagvormittag. Vom nahegelegenen Park tönt Vogelgezwitscher herüber, ab und zu brummt ein Auto vorbei, die Blütenköpfe der Duftnelken in den Blumenkästen wiegen sich leicht im Wind. Alles ist friedlich und Sie können getrost die Augen schließen und Ihren Tagträumen nachgehen, weil Ihr Gehirn fleißig arbeitet und Ihnen rückmeldet, dass von nirgendwo her Gefahr droht.

Nun stellen Sie sich vor, Ihr Gehirn würde das nicht tun. Sie müssten bei jedem Vogelgezwitscher, bei jedem vorbeifahrenden Auto, bei jedem Nelkenduft, den Ihnen der Wind in die Nase treibt, bei jeder Bewegung, die Sie wahrnehmen, ununterbrochen bewerten: Ist es gefährlich oder nicht? Sie hätten wohl keine ruhige Sekunde auf Ihrem Balkon, von Erholung gar nicht erst zu reden!

Wenn Sie so wollen, ist das Ultrakurzzeitgedächtnis eine Art Spamfilter. Bei Neugeborenen ist dieser Spamfilter noch leer, erst durch die Erfahrung lernt der Spamfilter, Wichtiges und Unwichtiges zu unterscheiden. Daher ist für Babys und Kleinkinder auch alles interessant. Erst mit der Zeit selektiert das Ultrakurzzeitgedächtnis, sodass das Kind sich auf eine Sache länger konzentrieren kann. Wenn es dann auf Mamas Schoß sitzt und gefüttert wird, kann der Papa im Hintergrund noch so sehr grummeln. Das Baby wird ihn einfach ignorieren, weil es gelernt hat: Er grummelt immer und das ist nicht gefährlich, also kann ich ungestört bei Mama sein und mich füttern lassen.

Das Ultrakurzzeitgedächtnis hat also nicht die Aufgabe, sich etwas zu merken, sondern ist ein reiner Wahrnehmungsspeicher. Es nimmt eine Information auf und bewertet sie. Droht keine Gefahr, wird die Information sofort gelöscht. Ist eine Information bedenklich, wird sie vom Unbewussten ins Bewusstsein gehoben und landet im Kurzzeitgedächtnis.

So erhöhen wir unsere Merkfähigkeit

Das Wortsalat-Experiment hat Ihnen gezeigt, wie Ihr Kurzzeitgedächtnis arbeitet und was es zu leisten imstande ist. Während Sie die jeweils zehn Begriffe gelesen haben, hat im Hintergrund Ihr Ultrakurzzeitgedächtnis dafür gesorgt, dass Sie alles Unwichtige ausblenden und sich auf die Wörter konzentrieren können. Oder wurden Sie abgelenkt? Dann war es wohl etwas, das Ihr Wahrnehmungsspeicher ins Bewusstsein heben musste, um zu bewerten, was zu tun ist.

Bei diesem Experiment haben Sie vermutlich festgestellt, dass Sie vor allem im ersten Block bei Weitem nicht alle zehn Wörter behalten haben, sondern vermutlich etwa die Hälfte. Das zeigt uns die Begrenztheit des Kurzzeitgedächtnisses: Es behält Informationen nur etwa dreißig Sekunden lang und kann in dieser kurzen Zeit auch nur etwa fünf Elemente erfassen, manchmal nur drei, manchmal können es auch sieben sein. Ich habe bei diesem Experiment noch nie jemanden erlebt, der im ersten Block alle zehn Elemente wiedergeben konnte. Meist waren es drei bis fünf, selten sechs oder sieben. Versuchen Sie doch jetzt, einige Minuten nach dem Experiment, sich an einige Begriffe des ersten Blocks zu erinnern, ohne einen Blick auf Ihre Notizen zu werfen. Ich wette, dass Sie keinen einzigen Begriff mehr wissen. Wenn doch, dann ist das fantastisch und ich gratuliere Ihnen zu Ihrem Elefantengedächtnis. Doch vermutlich haben Sie sie längst vergessen – weil sie keinen Sinn ergaben und in Ihrem Gehirn längst gelöscht wurden.

Was Sie vermutlich auch feststellen: In jeder weiteren Runde haben Sie immer besser abgeschnitten. Das liegt nicht daran, dass Sie sich an die Art der Übungen gewöhnt haben, sondern hat andere Gründe: Die Wörter haben zunehmend Sinn ergeben. Denn sofern das Kurzzeitgedächtnis innerhalb der dreißig Sekunden einen Sinnzusammenhang herstellen kann, wird die Information – oder das Informationspaket – ins Langzeitgedächtnis verlegt. Und dort hat es Chancen, zumindest eine etwas längere Zeit zu bleiben, sodass wir es später abrufen können. Versuchen Sie doch, sich an Wörter aus dem dritten oder vierten Block zu erinnern (natürlich ohne auf Ihre Notizen zu blicken). Haben Sie sich etwas davon merken können, vielleicht gar den ganzen Satz im letzten Block? Nun, er ergab ja auch Sinn!

Nun können Sie nachvollziehen, warum Sie sich Gelesenes besser merken können, wenn Sie chunken: Sie beliefern auf diese Art und Weise Ihr Gehirn mit Informationspaketen, die einen Sinn ergeben – und diese landen im Langzeitgedächtnis. Ein Kind hingegen, das erst dabei ist, lesen zu lernen, hat wenig Chance, sich zu merken, was es liest. Denn wenn es *Sonne* liest, hat es zunächst fünf Elemente aufzunehmen – die fünf Buchstaben. Damit ist das Kurzzeitgedächtnis bereits ausgelastet. Im nächsten Schritt lernt es, das Wort als Ganzes zu erkennen. Was es vorher dem Gehirn in fünf Brocken zugeführt hat, kann es nun in einem Brocken zuführen. Erst wenn es möglich wird, in dreißig Sekunden mehrere Wörter und damit auch Sinn zu erfassen, kann es Inhalte auch verstehen. Viele Erwachsene, die mit Regressionen und langsamem Lesen kämpfen, haben Mühe, sich zu merken, was sie gerade gelesen haben. Dreißig Sekunden sind schnell vorbei, wenn man sich beim Lesen unnötig aufhält.

Das Tolle am Gehirn ist: Das Kurzzeitgedächtnis merkt sich zwar nur etwa fünf Elemente auf einmal, doch es ist egal, wie groß diese fünf Elemente sind: Das können fünf Buchstaben ebenso wie fünf große Chunks sein! Deshalb erhöht sich Ihre Verständnisrate auch, je schneller Sie lesen. Ausschlaggebend ist, wie weit Sie in dreißig Sekunden kommen. Ein Kind schafft vielleicht gerade mal einen halben Absatz. Es kann damit den Sinn des Absatzes gar nicht erfassen. Wenn Sie chunken, schaffen Sie in einer halben Minute locker einen Absatz und haben damit den Sinn vollständig erfasst. Ihr Gehirn bekommt also nicht einzelne Ziegelsteine geliefert, die es erst zu einer sinnvollen Mauer zusammenbauen muss, Sie liefern dem Gehirn gleich ganze Fertigteilwände, mit denen es ganz leicht das ganze Haus bauen kann. Ihr Kurzzeitgedächtnis schafft in dreißig Sekunden jedenfalls fünf Ziegelsteine genauso wie fünf Fertigteilwände. So einfach ist das!

Augentraining

Wieder ist es Zeit für eine Runde Geschwindigkeitstraining für Ihre Augen. Haben Sie Ihre Stoppuhr parat? Dann kann es losgehen!

Da Sie nun zu den fortgeschrittenen Leserinnen und Lesern gehören, können Sie dieses anspruchsvollere Augentraining versuchen. Bitte lesen Sie den Text und chunken Sie so rasch wie möglich.

Das Gedächtnis

Gedächtnis ist die geistige Fähigkeit, Erfahrungen zu speichern und später zu reproduzieren oder wiederzuerkennen, um diese für Erleben und Verhalten nutzbar zu machen.

Bedeutung des Gedächtnisses

Gedächtnis ist das Endprodukt eines Lernvorgangs. Gedächtnis ist die Voraussetzung für Lernen: ohne Gedächtnis kein Lernen! Lernen ist die längerfristige (über den Zeitraum der aktuellen Erfahrung hinausgehende und somit gedächtnisabhängige) Verfügbarkeit einer Erfahrung. Lernen ist die Fähigkeit, sich neue Informationen anzueignen. Ohne Gedächtnis gäbe es auch kein Identitätsgefühl, d. h. kein Ich-Bewusstsein des Menschen. Man hätte keine Geschichte, sondern nur ständige Gegenwart. Gedächtnis ist für das Überleben des Individuums und der Art absolut notwendig.

Gedächtnis wird heute verstanden als in der Regel nach der Zeit und nach dem Inhalt unterteiltes Systemgeflecht, dessen Verarbeitung durch unterschiedliche neuronale Netzwerke erfolgt

Informationsaufnahme, **Einspeicherung,** **Festigung,**
Ablagerung und **Abruf**

erfolgen über teilweise sehr unterschiedliche Strukturkombinationen. Dabei sind auch – in Abhängigkeit von der Schnelligkeit des Verarbeitungsvorgangs – parallele Verarbeitungswege gegeben.

Die Fähigkeit, sich zu einer späteren Zeit an eine Information oder Erfahrung erinnern zu können, setzt den Ablauf von fünf geistigen Prozessen voraus:

1. **Informationsaufnahme.** Ohne Aufmerksamkeit für Informationen bzw. auf bestimmte Reize ist kein Gedächtnis möglich.
2. **Einspeicherung/Einprägen** (Einkodierung): Übersetzung eintreffender Reizenergie in einem einzigartigen neuralen Code, den das Gehirn verarbeiten kann.
3. **Konsolidierung/Behalten** (Speicherung, Festigung): Aufbewahrung des enkodierten Materials über die Zeit; der Konsolidierungsprozess ist die Zeit zwischen Einspeicherung und Ablagerung; Zeitdauer zwischen Minuten und Stunden.
4. **Ablagerung**: Speicherung in bestimmten Hirnarealen. Das Modell bestimmter Speicherorte ist veraltet, die Speicherung erfolgt vielmehr in Netzwerken, d. h. in miteinander vernetzten Teilen des Gehirns.
5. **Abruf** (Erinnern) als Wiederauffinden der gespeicherten Information zu einem späteren Zeitpunkt.

Haben Sie einen Unterschied bemerkt, als der Text von den vorgefertigten Chunks auf normalen Fließtext überging? Wenn nicht, dann gratuliere ich herzlich. Denn das bedeutet, dass Ihnen das Chunking bereits in Fleisch und Blut übergegangen ist! Wie lange haben Sie zum Lesen gebraucht? Nachdem Sie nun schon zu den Fortgeschrittenen gehören, sollte es Ihnen möglich gewesen sein, den Text in weniger als 35 Sekunden zu lesen. Wenn nicht: Versuchen Sie es noch einmal.

Noch eine Frage: Ohne zurückzublättern, können Sie sagen, welche fünf Hauptbegriffe im Text vorkamen? Notieren Sie sie. Erst dann blättern Sie zurück und überprüfen, ob Sie richtig lagen.

Balkenübung: Augentraining mit der App

Als BrainRead-Leseprofi wissen Sie, was jetzt kommt: Genau, die Balkenübung. Bitte wechseln Sie zur Website www.brainread.com und starten Sie das Balkentraining. Vergessen Sie nicht, die Geschwindigkeit des Balkens wieder ein wenig zu erhöhen!

Vom Lesen zum Lernen: Die Vergessenskurve von Ebbinghaus

Was ist der Unterschied zwischen Lesen und Lernen? Beim Lesen geht es darum, sich eine Momentaufnahme eines Textes zu verschaffen, ihn zu verstehen, um eine Basis für eine Entscheidung zu haben. Lernen bedeutet, dass Sie etwas verstehen und zusätzlich im Langzeitgedächtnis behalten, um es für später zur Verfügung zu haben. Während Sie den Inhalt eines Gebrauchstextes wie eine E-Mail oder einen Bericht später nicht mehr benötigen, wollen Sie einen Lernstoff später – in ein paar Tagen, Monaten oder auch Jahren – immer wieder abrufen können.

Wie haben Sie das in der Schule und beim Studium gemacht? Sie haben den Stoff mehrmals durchgearbeitet. Das ist auch die übliche Strategie beim Lernen: wiederholen, wiederholen, wiederholen. Deshalb wissen Sie auch heute noch wie aus der Pistole geschossen, wie viel 9 x 9 ist, wann der Zweite Weltkrieg war oder dass die chemische Formel für Wasser H_2O heißt.

Die Basis für Lernen ist, dass Sie etwas verstanden haben, denn nur dann landet das Wissen im Langzeitgedächtnis. Das Wiederholen sorgt dafür, dass es länger im Gedächtnis haften bleibt, denn wir wissen alle: Das meiste von dem, was wir gestern gelesen haben, haben wir heute schon wieder vergessen. Der deutsche Psychologe Hermann Ebbinghaus hat Ende des 19. Jahrhunderts dieses Phänomen unter die Lupe genommen und festgestellt: Was wir einmal zu 100 Prozent verstanden haben, haben wir bereits nach einer Stunde zu mehr als 50 Prozent wieder vergessen. Nach einem Tag wissen wir sogar nur noch 35 Prozent. Ihr Wissen verblasst also rasant im Zeitablauf, so wie eine schöne Landschaft im Rückspiegel Ihres Ferrari immer kleiner und undeutlicher wird, je weiter Sie sich entfernen.

Das Problem des Vergessens ist jedoch nicht, dass das Wissen im Langzeitgedächtnis nicht mehr da ist. Wenn Sie sich mit Ihrem Ferrari von einem schönen Berg entfernen, ist dieser ja auch nicht von der Erde verschwunden, nur weil Sie ihn im Rückspiegel nicht mehr sehen können. Nicht Ihr Wissen ist weg, sondern der Zugriffspfad auf Ihr Wissen ist entweder nicht aufgebaut worden oder er ist wieder zugewachsen. Das mehrmalige Wiederholen sorgt dafür, dass dieser Pfad gut ausgetreten wird und nicht so schnell wieder zuwächst. Nur wenn Sie auf ein Wissen lange nicht zugreifen, verliert sich der Pfad wieder.

Beim Wiederholen passiert Folgendes: Sie lesen einen Text aufmerksam in langsamen 3-mal-3-Chunks mit 100 Prozent Verständnisrate. Nach einem Tag haben Sie nur noch 35 Prozent behalten. Nun lesen Sie den Text noch einmal, doch jetzt beginnen Sie nicht bei null, sondern bei 35 Prozent! Sie wiederholen den Stoff und maximieren wiederum Ihre Gedächtnisleistung. Am nächsten Tag haben Sie wiederum einen Teil vergessen, doch diesmal sinkt Ihr Erinnerungsvermögen nicht wieder auf 45 Prozent, sondern es bleibt mehr haften. Bei der dritten Wiederholung maximieren Sie wieder, und es bleibt noch mehr haften. So steigt Ihre Gedächtnisleistung immer mehr, wie es den orangen Punkten in Abbildung 13 entspricht. Nach mehreren Wiederholungen steigt das Erinnerungsvermögen deutlich. Auch wenn Sie zwischen den Wiederholungen länger Zeit verstreichen lassen, erzielen Sie diesen Effekt. Der Unterschied besteht dann nur darin, dass Sie bei jeder Wiederholung ein wenig mehr Zeit einkalkulieren müssen, damit die Kurve wieder nach oben verschoben ist.

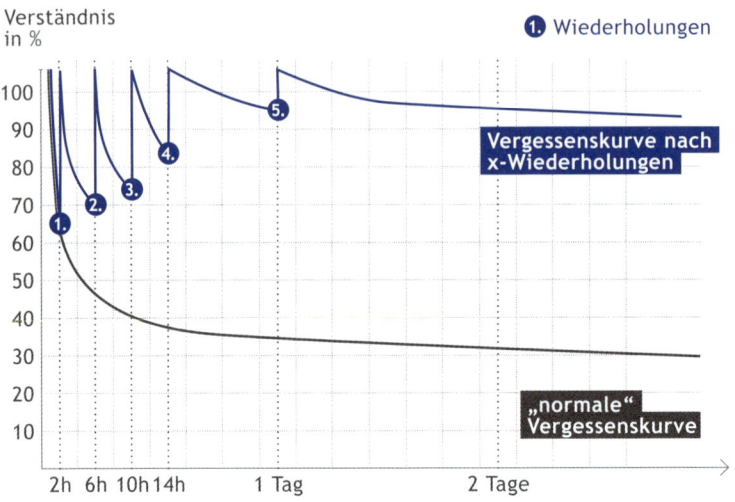

Abbildung 13: Lerneffekt anhand der Ebbinghaus'schen Vergessenskurve

Hier ist ein kleines Zahlenspiel zur Verdeutlichung, wie Sie mit Schnelllesen Ihre Merkfähigkeit enorm steigern können:

Angenommen, Sie lesen ein Buch langsam mit vielen Regressionen und Subvokalisierung. Sie lesen mit 200 Wörtern pro Minute, brauchen dafür zehn Stunden und haben eine Verständnisrate von 60 Prozent. Am nächsten Tag ist Ihr Wissen über die Inhalte von 60 auf vielleicht 25 Prozent gefallen. Sie lesen noch einmal, wieder langsam und mit nur 60 Prozent Verständnisrate, und am darauffolgenden Tag haben Sie sich noch knapp 40 Prozent der Inhalte gemerkt. Das ist nicht sehr befriedigend.

Nehmen wir nun den besseren Fall an: Sie lesen das Buch, jedoch mit doppelter Geschwindigkeit. Das bedeutet, Sie brauchen nur fünf Stunden für das Lesen. Weil Sie gechunkt haben, haben Sie Ihr Gehirn mit mehr Sinn gefüttert, daher haben Sie auch mehr verstanden, sagen wir 80 Prozent, am nächsten Tag sind davon etwas weniger als 40 Prozent übrig, also in etwa so viel, wie Sie bei langsamem Lesen erst am zweiten Tag erreicht haben. Nun lesen Sie das Buch noch einmal, diesmal vielleicht in drei Stunden mit 600 Wörtern pro Minute. Sie erreichen vermutlich an die 100 Prozent Verständnisrate. Am darauffolgenden Tag haben Sie sich immerhin bereits fast 60 Prozent des Inhalts gemerkt.

Unter dem Strich sieht die Bilanz so aus: Im ersten Fall haben Sie in zehn Stunden eine Gedächtnisleistung von knapp 40 Prozent erreicht. Im zweiten Fall haben Sie sich nach nur acht Stunden Lesezeit bereits 60 Prozent gemerkt. Das ist um die Hälfte mehr – bei geringerem Zeitaufwand! Wenn Sie nun das Buch noch weitere Male durcharbeiten, driften die beiden Ergebnisse immer weiter auseinander – im Fall des Schnelllesens wird die Vergessenskurve immer flacher. Fazit: Sie erreichen im schlechtesten Fall eine gleich gute Gedächtnisleistung bei deutlichem Zeitgewinn. In den meisten Fällen werden Sie aber zusätzlich zum Zeitgewinn auch noch einen größeren Merkeffekt feststellen.

Lerntipps, lesetechnisch betrachtet

Wiederholen ist, wie Ebbinghaus zeigt, eine sinnvolle Möglichkeit, um zu lernen. Doch das ist nicht der einzige Weg, wie wir unser Gehirn zu einer höheren Gedächtnisleistung bringen können. Dank der rasanten Entwicklung in der Gehirnforschung in den letzten Jahren kann man belegen, wie sehr wir unsere Merkfähigkeit erhöhen, wenn wir beim Lernen unser ganzes Gehirn beanspruchen: die linke und rechte Gehirnhälfte und auch das emotionale Zentrum. Und je mehr wir unser Gehirn mit Ungewohntem immer wieder überraschen und herausfordern, desto flexibler bleibt es. Mit Koordinationsübungen zum Beispiel fordern Sie es heraus: Sie drehen die linke Hand linksherum, die rechte Hand rechtsherum. Oder Sie lesen ein Buch und gehen dabei rückwärts durch den Raum. Das fördert unsere Konzentration und die Lernleistung.

Was den Text selbst anlangt, so merken wir uns beim Lesen dann etwas besonders gut, wenn

→ wir uns das Gelesene vorstellen können, es also in unserem Gehirn Bilder erzeugt. Das spricht die rechte Gehirnhälfte an.
→ der Text der eigenen Logik entspricht. Das spricht die linke Gehirnhälfte an und sorgt dafür, dass ein neuer Inhalt an bereits vorhandenes Wissen angeknüpft werden kann.

→ die Inhalte übersichtlich strukturiert sind. Das entspricht einerseits dem logisch-analytischen linken Areal, andererseits sorgt eine gute Struktur auch für optisch ansprechende Reize, was wiederum mehr dem ästhetischen und emotionalen Teil unseres Gehirns entspricht.

→ der Text uns emotional anspricht. Dinge, die uns berühren, uns traurig oder froh machen, die Gefühle in uns wecken, merken wir uns besser.

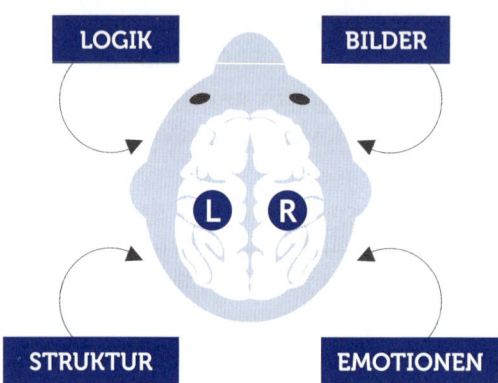

Abbildung 14: Wege zur Steigerung der Gedächtnisleistung

Natürlich sind wir dabei von der Schreibkunst des Autors abhängig. Je besser eine Texterin es versteht, mit den richtigen Worten all unsere Sinne und Gehirnareale anzusprechen, desto leichter können wir uns den Inhalt merken. Deshalb sind gute Werbetexter auch sehr versiert in diesen psychologischen Tricks, um uns eine Werbebotschaft möglichst drastisch einzubläuen.

Doch wir können auch selbst diese Tricks anwenden. Nicht zuletzt zielen sämtliche Lerntechniken darauf ab, alle Gehirnareale zu nutzen. Ein Beispiel: Wenn wir uns scheinbar sinnlose Wörter merken wollen wie in unserem Wortsalat-Experiment zum Beginn dieses Kapitels, so können wir zum Beispiel versuchen, aus diesen Wörtern eine kleine Geschichte zu basteln. Das verleiht den Wörtern nicht nur Sinn, sodass sie in unserem Langzeitgedächtnis landen, sondern erzeugt auch Bilder im Kopf, die vielleicht sogar zu einem kleinen Film werden können. Im letzten Block dieser Übung sind die zehn Wörter so aufgezählt, dass sie einen vollständigen Satz ergeben. Das ist wie eine Mini-Geschichte: „Zuerst das Wasser, dann die Säure, sonst geschieht das Malheur!" Mit großer Wahrscheinlichkeit haben Sie hier alle zehn Wörter wiedergeben können: Der Satz ergibt Sinn – und vielleicht hat er sogar ein kleines Kopfkino in Ihnen erzeugt, weil Sie sich an den Physikunterricht zurückerinnert haben.

Jede Art von Gedächtnistraining ist gut für Ihre Leseleistung. Früher, als man keine Bücher zum Lernen hatte, weil diese zu teuer oder gar nicht verfügbar waren, mussten Menschen sich ausschließlich auf ihre Fähigkeit verlassen, auswendig zu lernen. Und bevor Sie Ihr erstes Mobiltelefon in Händen hielten, wussten Sie garantiert viele Telefonnummern auswendig. Und heute? Heute ist unser Gehirn ein wenig verkümmert, was das Auswendiglernen anlangt.

Wenn Sie also gefordert sind, viel auswendig zu lernen, dann sind Gedächtnisübungen eine gute Idee. Alle Techniken verlassen sich darauf, dass das Gehirn sich Dinge leichter merken kann, wenn es sie räumlich oder bildhaft erfassen kann. Die Loci-Methode zum Beispiel bedient sich des so genannten Gedächtnispalasts mit der Idee, dass Sie sich etwa Ihre Einkaufsliste merken, indem Sie die einzelnen Wörter bestimmten Plätzen in Ihrer Wohnung oder Ihrem Haus zuordnen. Am besten, Sie stöbern in den zahlreichen Büchern, die es zu Mnemotechnik und Gedächtnistraining gibt.

Für das Lernen aus Büchern oder Skripten sind Notizen besonders hilfreich. Am besten, Sie haben beim Lesen stets Papier und Stift daneben liegen. Sehr gut eignet sich dabei das so genannte Mind-Mapping, das der Mentaltrainer Tony Buzan populär machte. Beim Lesen Notizen mittels Mind-Mapping zu erstellen, mag zwar ein wenig Zeit kosten, doch es reduziert die Anzahl der Wiederholungen, die Sie brauchen, um sich etwas zu merken.

Anschließend lade ich Sie dazu ein, einen letzten Lesetest zu machen, mit dem Sie Ihren Lernfortschritt festhalten können. Es geht los:

→ Zücken Sie Stoppuhr und Stift.

→ Lesen Sie zuerst vorausschauend, wie wir das in Kapitel 5 besprochen haben: Der Text aus dem Jahr 2013 trägt die Überschrift „Die Verführung im Internet" – welche Ziele und Erwartungen können Sie daran knüpfen? Scannen Sie anschließend den Text – als Richtwert peilen Sie vier Sekunden pro Buchseite an.

→ Erst dann lesen Sie in Chunks und stoppen dabei die Zeit.

Viel Erfolg!

[Textanfang]

Die Verführung im Internet

Wenigstens der Kaffee schmeckt heute richtig gut und würzig. Astrid nippt an dem schwarzen Gebräu und blickt über den Tassenrand auf den Bildschirm. Blau und Weiß wünscht sich der Kunde auf seinem Werbefolder. Astrid stellt den Kaffee ab und schnauft verächtlich. Die bayerische Flagge ist blau-weiß kariert – das kann doch nicht sein Ernst sein! Doch irgendwie fällt ihr im Moment auch nichts Besseres ein.

Ein Klick, und schon ist Astrid auf ihrer Facebook-Seite. Mal sehen, was es Neues gibt. Ein niedliches Katzentier blickt ihr entgegen und sie erfährt, dass ein Kollege gerade am Flughafen wartet. Der Verband der Werbetexter lädt für nächsten Monat zu einem Vortrag zum Thema „Marketing für Kreative" ein. Astrid notiert den Termin und kehrt zurück zu ihrem Folder. Vielleicht blaugrün statt blau. Oder doch etwas ganz anderes?

Astrid wechselt zu ihrem Mail-Ordner. Keine neuen Nachrichten. Dann öffnet sie ihren Pinterest-Account, scrollt eine Weile durch die Seiten und hofft auf Inspiration. Keine neue Idee. Schließlich loggt sie sich bei LinkedIn ein, beantwortet eine Kontaktanfrage und sucht eine Weile nach neuen Kontakten. Seufzend öffnet sie wieder die Datei mit dem Folder. Wenn ich mich nicht auf den Kunden konzentriere, wird das heute nichts mehr, denkt sie. Blödes Internet!

Computer: Mehr Segen oder mehr Fluch?

Fast jeder hat, worüber er sich gleichzeitig gerne beklagt: Die meisten Europäer nutzen regelmäßig das Internet, Laptop und Co. gehören zum Standard eines Haushalts. Gleichzeitig jammern viele, dass sie zu viel Zeit vor dem Bildschirm verbringen. Wie Astrid fühlen sich viele abgelenkt durch die vielen Möglichkeiten. Und manche blicken sorgenvoll über die Schultern ihrer Sprösslinge: Sie spielen Spiele und chatten mit ihren Freunden, anstatt sich mit ihnen zu treffen. Man verlässt sich viel zu sehr darauf, alles im Internet zu finden, heißt es. Deshalb merkt man sich auch nichts mehr. „Digitale Demenz" ist ein Schlagwort, das den Menschen zunehmend Angst einjagt.

Ihre Namensgeber stehen mit erhobenem Zeigefinger auf und erklären digitale Geräte zur Droge. Computerspiele, so sagen sie, machen süchtig. Das Internet macht dumm. Soziale Medien führen zur sozialen Vereinsamung. Das sind keine erfreulichen Bilder, die hier erzeugt werden. Doch ist es tatsächlich so?

Droge Internet ist eine Randerscheinung

Tatsächlich sind es gerade einmal drei Prozent der Jugendlichen über 14 Jahre, die mehr als vier Stunden täglich am Computer spielen, so eine Umfrage der FAZ. Der Anteil der Erwachsenen, die abhängig sind, liegt bei unter einem Prozent. Wobei es gar keine eindeutige Definition des Begriffs Internetsucht gibt. Die Grenze zwischen Sucht und normalem Gebrauch zieht man in etwa dort, wo man nicht mehr in der Lage ist, seinen Alltag zu meistern.

Natürlich ist jedes Prozent zu viel. Doch muss man sich wirklich Sorgen machen? Muss Internetsucht als Grund herhalten, um digitale Geräte zu verdammen? Offenbar ist die drohende Gefahr in Wahrheit eher eine Randerscheinung. Und man darf nicht vergessen, dass das Internet gerade seit dem Web 2.0 uns allen auch enorme Vorteile bringt. Mehr Segen als Fluch, wie es scheint.

Am Internet kommt heute niemand vorbei. Nicht nur unsere Werbegrafikerin Astrid braucht ihn – für die meisten von uns ist er ein wichtiges Werkzeug im Beruf. Manche Jobs sind sogar erst entstanden, weil er erfunden wurde. Würden wir aus Sorge vor drohender Sucht unsere Kinder von Tablet und Handy fernhalten, würden wir ihnen keinen guten Dienst erweisen. Was wir aber tun können: Wir können ihnen helfen, mit den neuen Medien gut und sinnvoll umzugehen. Das geht am besten, indem wir mit gutem Beispiel vorangehen. Damit tun wir uns auch selbst einen Gefallen.

Medienkompetenz ist gefragt

Was wir dringend brauchen, ist ein guter Umgang mit den neuen Medien, die wir nutzen wollen oder müssen. Wir brauchen das Notebook für die Arbeit oder die Schule. Vielleicht liegt auch ein Tablet am Wohnzimmertisch, jederzeit bereit für einen kurzen Abstecher ins Internet. Unterwegs können wir immer auf unserem Smartphone Nachrichten lesen und beantworten oder den kürzesten Weg von A nach B suchen. Das Internet lauert also an jeder Ecke, wir müssen nur den Bildschirm berühren.

Mit Medien sinnvoll umgehen kann, wer zum einen die Technik anwenden kann, zum anderen das Angebot im Internet gezielt zu nutzen versteht. Wobei Ersteres bei Weitem das geringere Problem ist. Vielmehr haben wir bisher zu wenig gelernt, die gewünschten Informationen zielgenau zu finden. Und am schwierigsten scheint zu sein, mit den anderen im World Wide Web gut und sinnvoll zu kommunizieren.

Soziale Netzwerke machen nicht einsam

LinkedIn, XING, Twitter oder Facebook – sie haben Einfluss auf unser soziales Leben. Und zwar nicht nur, wenn wir diese Netzwerke nutzen, sondern auch, wenn wir sie nicht nutzen. Denn es mag sein, dass Astrid die Einladung zum Vortrag auch über andere Wege erhalten hätte. Fest steht, dass sich dennoch Nicht-Nutzer manchmal ausgeschlossen fühlen, weil sie merken, dass so manche Information an ihnen vorbei geht, die ihnen hilfreich gewesen wäre.

Soziale Netzwerke machen nicht einsam, im Gegenteil. Einer Studie zufolge kennen 96 Prozent der jugendlichen Nutzer ihre Kontakte auch persönlich. Das Netzwerk hat daher mehr die Funktion eines Verstärkers – es öffnet einen zusätzlichen Kanal, um sich auszutauschen. Für jene Nutzer, die Netzwerke beruflich verwenden, ist Einsamkeit ohnehin kein Thema: Sie sehen das Netzwerk als einen Weg, um ihre Leistung darzustellen und mit Kunden zu kommunizieren.

Es mangelt am Gefühl für die Wirkung

Wo viele unsicher sind, ist der Inhalt, den sie ins Netz stellen. Vom gläsernen Menschen ist die Rede und von Mobbing im Netz, von Urheberrecht und von peinlichen Fotos, die gedankenlos veröffentlicht werden. Es gibt genug, das man falsch machen kann. Wir sind alle gefordert, vorher zu denken und dann erst zu schreiben. Das gilt nicht nur, wenn wir über jemand anderen etwas sagen wollen. Auch das Bild, das andere über uns selbst erhalten, bekommt Schieflage, wenn wir nicht sorgsam sind.

➜ **Ich bin, was ich schreibe.** So lautet die Devise im sozialen Netzwerk. Wer sich als Experte für ein bestimmtes Thema positionieren will, wird andere Inhalte posten als jemand, der sich nur privat mit seinen Freunden austauschen will. Daher ist es auch wesentlich, sich vor Augen zu halten, ob man privat oder beruflich unterwegs ist. Eine Vermischung von fachlichen und allzu intimen Beiträgen kann ordentlich ins Auge gehen.

➜ **Ich teile, also bin ich.** Soziale Netzwerke leben nur dann, wenn es einen Ausgleich zwischen Geben und Nehmen gibt. Wer nur eigene Beiträge schreibt und nie auf die Beiträge der anderen reagiert, wird am Ende enttäuscht sein, weil niemand mehr mit ihm kommuniziert.

➜ **Sei interessant.** Ein paar Worte sind schnell geschrieben. Doch wen interessiert schon auf Dauer, ob Olaf W. schon wieder den Zug verpasst hat? Oder sich langweilt? Oder gerade Kaffee holt? Wenn man nicht sicher ist, ob man schreiben soll oder nicht, gibt es eine ganz einfache Regel: Wenn du nicht sicher bist, lass es.

➜ **Respektiere die Privatsphäre anderer.** Manche gehen recht freizügig mit Bildern und Geschichten über andere Menschen um. Das ist nicht fair. Eine kurze Frage an die Betreffenden ist nicht viel Aufwand – und schont so manche Freundschaft. Auch frisch gebackene Eltern sollten darüber nachdenken, welche Bilder ihres Sprösslings sie der Welt auf immer zeigen wollen. Für sie mag ein Foto noch so süß und lustig sein – ist der Sprössling dann erwachsen, wird ihm dieses Erbe wohl eher peinlich sein.

Das Internet ist wie Casanova: ein unwiderstehlicher Verführer

Astrid, die Werbegrafikerin, lässt sich viel zu leicht verführen, wie es scheint. Man kann es auch mangelnde Disziplin nennen oder schlechte Arbeitsorganisation. In jedem Fall ist sie gut beraten, wenn sie sich etwas einfallen lässt. Denn das Internet ist ein gerissener Verführer: Es ist stets bereit. Es tut, was man ihm sagt. Es lenkt von Problemen ab. Es macht Spaß. Und es weiß schlichtweg alles. Einen guten Ausgleich zu finden, ist immer ein probater Weg. Astrid könnte sich zum Beispiel Zeitfenster schaffen, in denen sie sich in ihren Netzwerken umtreibt. So kann sie die restliche Arbeitszeit besser nützen. Vielleicht ist sie dann auch früher fertig und kann noch bei Tageslicht eine Runde durch den Park joggen. Dann hätte sie nämlich noch einen Ausgleich geschaffen und sich nach einem Tag am Bürostuhl auch noch bewegt.

[Ende des Textes]

Stoppen Sie nun Ihre Uhr und notieren Sie Ihre Lesegeschwindigkeit mithilfe dieser Tabelle:

0–1 min	WpM	1–2 min	WpM	2–3 min	WpM	3–4 min	WpM
		01:05	1237	02:05	643	03:05	435
		01:10	1149	02:10	618	03:10	423
		01:15	1072	02:15	596	03:15	412
		01:20	1005	02:20	574	03:20	402
		01:25	946	02:25	554	03:25	392
00:30	2680	01:30	893	02:30	536	03:30	383
00:35	2297	01:35	846	02:35	519	03:35	374
00:40	2010	01:40	804	02:40	503	03:40	365
00:45	1787	01:45	766	02:45	487	03:45	357
00:50	1608	01:50	731	02:50	473	03:50	350
00:55	1462	01:55	699	02:55	459	03:55	342
01:00	1340	02:00	670	03:00	447	04:00	335

4–5 min	WpM	5–6 min	WpM	6–7 min	WpM	7–8 min	WpM
04:05	328	05:05	264	06:05	220	07:05	189
04:10	322	05:10	259	06:10	217	07:10	187
04:15	315	05:15	255	06:15	214	07:15	185
04:20	309	05:20	251	06:20	212	07:20	183
04:25	303	05:25	247	06:25	209	07:25	181
04:30	298	05:30	244	06:30	206	07:30	179
04:35	292	05:35	240	06:35	204	07:35	177
04:40	287	05:40	236	06:40	201	07:40	175
04:45	282	05:45	233	06:45	199	07:45	173
04:50	277	05:50	230	06:50	196	07:50	171
04:55	273	05:55	226	06:55	194	07:55	169
05:00	268	06:00	223	07:00	191	08:00	168

Wie hoch ist Ihre Lesegeschwindigkeit? _____ WpM

Bitte beantworten Sie nun die Verständnisfragen. Notieren Sie Ihre Antworten auf einem Blatt Papier oder machen Sie einen Kringel um a, b, c oder d.

1. Astrid findet im Text eine Einladung auf Facebook. Von wem?
   a) Vom Verband der Werbetexter
   b) Vom Verein Marketing für Kreative
   c) Vom Werbeverband für Texter
   d) Wurde nicht im Text erwähnt

2. „Soziale Medien führen zur sozialen Vereinsamung." Doch ist es tatsächlich so?
   a) Nein, sie machen es leichter, gut und sinnvoll zu kommunizieren.
   b) Ja, weil nicht alle gut mit der Technik umgehen können.
   c) Ja, da 96 Prozent aller Jugendlichen ihre Kontakte in ihren Netzwerken nicht persönlich kennen.
   d) Im Gegenteil: Soziale Netzwerke machen nicht einsam.

3. Welches soziale Netzwerk wurde im Text nicht erwähnt?

   a) Twitter

   b) LinkedIn

   c) TikTok

   d) Xing

4. Um mit Medien sinnvoll umgehen zu können, meint der Autor, …

   a) … dass wir die Rechtschreibung beherrschen sollten.

   b) … müssen wir unsere Kinder vom Internet fernhalten.

   c) … wäre es klug, die Technik anwenden zu lernen.

   d) … haben wir bisher zu wenig gelernt, die gewünschten Informationen zielgenau zu finden.

5. Das soziale Netzwerk öffnet einen zusätzlichen Kanal,

   a) um sich auszutauschen.

   b) um sich darzustellen.

   c) um besser kommunizieren zu können.

   d) um mehr Kunden zu gewinnen.

6. Was wurde im Text nicht erwähnt? Das Internet ist ein gerissener Verführer, weil …

   a) … es stets bereit ist.

   b) … es tut, was man ihm sagt.

   c) … es von der Arbeit ablenkt.

   d) … es Spaß macht.

7. Was wurde im Text als Aufforderung erwähnt?

   a) Schreibe Deutsch.

   b) Poste alles.

   c) Sei authentisch!

   d) Respektiere die Privatsphäre anderer.

8. Wo, meint der Autor, lässt sich in etwa die Grenze zwischen Internetsucht und normalem Gebrauch ziehen?

   a) Es gibt gar keine Grenze.

   b) Wo man nicht mehr in der Lage ist, seinen Alltag zu meistern.

c) Es ist eine Randerscheinung.

d) Wo mehr als vier Stunden täglich am PC gespielt wird.

9. Was könnte Astrid tun, um einen guten Ausgleich zu finden?

a) lieber Schwimmen gehen.

b) früher aufhören.

c) Zeitfenster schaffen.

d) den Computer abdrehen.

10. Weshalb merkt man sich nichts mehr?

a) Man verlässt sich viel zu sehr darauf, alles im Internet zu finden.

b) Man verlässt sich darauf, alles im Mobiltelefon zu finden.

c) Wir leiden unter analoger Demenz.

d) Wurde im Text nicht erwähnt.

Hier sind die korrekten Antworten, vergleichen Sie:

1	2	3	4	5	6	7	8	9	10
a	d	c	d	a	c	d	b	c	a

Bitte notieren Sie nun ein letztes Mal Ihre Verständnisrate. Für jede richtige Antwort bekommen Sie 10 Prozent. Wenn es fünf richtige sind, haben Sie eine Verständnisrate von 50 Prozent. Sind es sieben, beträgt die Verständnisrate 70 Prozent.

Zuletzt multiplizieren Sie Ihre Lesegeschwindigkeit mit der Verständnisrate. Ein Beispiel: Sie haben eine Lesegeschwindigkeit von 190 WpM und eine Verständnisrate von 60 Prozent, das ergibt eine effektive Leserate von 114.

Ihre effektive Leserate:

_____ WpM x _____ % = _____ ERR

Vergleichen Sie doch mal: Wie hat sich Ihre *Effective Reading Rate* seit dem ersten Test verändert? Welche Geschwindigkeit und welche Verständnisrate hatten Sie zu Beginn des Buchs?

Ich gehe davon aus, dass Ihre *Effective Reading Rate* gestiegen ist. Und wenn nicht, sollten Sie der Sache auf den Grund gehen:

1. Ist das Lesetempo nicht gestiegen? Vermutlich sprechen Sie noch immer jedes Wort mit Ihrer inneren Stimme mit. Es kann schwierig sein, sich davon zu lösen, vor allem, wenn Sie jahrzehntelang mit innerer Stimme gelesen haben. Bleiben Sie unbedingt dran! Auf der Website zum Buch finden Sie weitere Übungen, mit denen Sie trainieren können.

2. Ist die Verständnisrate nicht gestiegen? Vergleichen Sie doch mal die Raten in den vier Tests, die Sie in diesem Buch gemacht haben: War sie höher als in diesem letzten Test? Die Verständnisrate wird von vielen verschiedenen Faktoren bestimmt. Vielleicht wollten Sie gerade beim letzten Test besonders gut abschneiden und haben sich dadurch selbst ein Bein gestellt. Oder Sie waren müde. Machen Sie eine Pause und gehen Sie dann auf die Website des Buchs und versuchen dort einen neuen Lesetest. Bei dem werden Sie ganz bestimmt wieder besser abschneiden!

Wenn Ihre *Effective Reading Rate* gestiegen ist, freue ich mich mit Ihnen. Eine Steigerung von nur wenigen Prozent bedeutet, dass Sie ab nun viel wertvolle Zeit sparen und bessere Entscheidungen fällen können. Rechnen Sie selber nach:

→ Wenn Sie im Schnitt zwei Stunden pro Tag lesen, gewinnen Sie nun eine Stunde, sofern Sie die Lesegeschwindigkeit verdoppelt haben!

→ Dazu kommt, dass Sie Ihre Verständnisrate gesteigert haben. Das bedeutet, dass Sie qualitativ besser arbeiten können, was sich schließlich auch zeitsparend auswirkt.

Kapitel 7

Schnelllesen im KI-Zeitalter

In unserer zunehmend digitalisierten Welt ist die Fähigkeit, schnell und effizient zu lesen, unverzichtbar geworden. Jeden Tag werden wir mit einer Flut von Informationen konfrontiert, die bewältigt werden müssen – sei es beim Korrekturlesen von Texten oder bei der Überprüfung von Ergebnissen in Chats mit KI-Anwendungen. In diesem Buch haben Sie Techniken erlernt, mithilfe derer Sie Texte deutlich schneller erfassen und sich die wichtigsten Inhalte einprägen können, wie Sie also Ihre Effizienz merklich steigern können. Seit der ersten Auflage dieses Buches 2013 haben wissenschaftliche Studien vieles von dem, was Sie hier gelesen und geübt haben, bestätigt und auch einige weitere tolle Effekte des Schnelllesens entdeckt, die wir Ihnen in diesem abschließenden Kapitel zeigen wollen.

Wie wir in den bisherigen Kapiteln gesehen haben, sind die Techniken des Schnelllesens in der heutigen Arbeitswelt unverzichtbar geworden. Forschungsergebnisse der letzten elf Jahre, seit der ersten Auflage dieses Buches, zeigen nochmals klar auf, wie wichtig diese Fähigkeit ist, um die steigenden Anforderungen im Berufs- und Privatleben zu bewältigen. Ob Sie nun endlose Dokumente durchforsten oder die Ergebnisse von KI-Anwendungen überprüfen – mit den Methoden, die Sie in diesem Buch kennengelernt haben, können Sie Ihre Effizienz erheblich steigern. Statt sich durch seitenlange Texte zu quälen, können Sie in kürzester Zeit die entscheidenden Punkte erfassen und sich auf das Wesentliche konzentrieren. Das Beste daran? Sie haben mehr Zeit für die wirklich wichtigen Dinge – sei es der kreative Teil Ihrer Arbeit oder ein wohlverdienter Feierabend.

Im Folgenden zwei Beispiele für konkrete Situationen, in denen die Fähigkeit, schnell zu lesen, unschlagbare Vorteile bringt:

• •

DIE ROLLE DES SCHNELLLESENS IM BEWERBUNGSVERFAHREN

Sie sind Personalverantwortlicher in einem großen Unternehmen und Ihr Posteingang quillt über vor Lebensläufen, Anschreiben und Referenzen. Die Uhr tickt, der Stapel wächst, und es ist klar, dass nur ein Bruchteil dieser Dokumente wirklich aufmerksam gelesen werden kann. Wie soll man in kurzer Zeit die besten Kandidaten herausfiltern? Willkommen im Dilemma des modernen Recruitings!

• •

Vielleicht haben Sie schon gehört, dass die Digitalisierung alles einfacher machen soll. Tatsächlich hat sie den Zugang zu Informationen revolutioniert und den Bewerbungsprozess deutlich beschleunigt. Doch diese Beschleunigung hat auch eine Kehrseite: in diesem Fall eine wahre Flut an Bewerbungen, die täglich auf Ihren Schreibtisch schwappt. Eine Studie von Brown und Campion (2017)[32] bringt es auf den Punkt: sechs Sekunden. Ja, nur sechs Sekunden investieren Personalverantwortliche im Durchschnitt, um einen Lebenslauf zu scannen und zu entscheiden, ob der Kandidat infrage kommt. Das ist kaum mehr als ein Atemzug – oder der Moment, in dem Sie sich fragen, ob Sie Ihren Kaffee noch einmal aufwärmen sollten. Mehr Zeit steht für einen Kandidaten, eine Kandidatin nicht zur Verfügung.

Doch wie können es Personalverantwortliche schaffen, in dieser kurzen Zeit alle relevanten Informationen aufzunehmen? Denn eine Bewerbung besteht ja nicht nur aus einem Lebenslauf. Da sind die Anschreiben, die Referenzen, die Zertifikate – eine ganze Palette an Dokumenten, die sorgfältig geprüft werden müssen. Die Fähigkeit, große Mengen an Text schnell und dennoch gründlich zu lesen, ist daher unverzichtbar. Schnelllesetechniken wie das Scannen von Texten oder das gezielte Erfassen von Schlüsselwörtern sind hier Ihre besten Freunde. Laut einer Studie von Carver (2018)[33] können Leserinnen und Leser, die diese Techniken anwenden, ihre Lesegeschwindigkeit um bis zu 50 Prozent steigern – ohne an Verständnis oder Genauigkeit einzubüßen. Und wenn Sie die Anleitungen im Buch bisher verfolgt haben, sind Sie jetzt wahrscheinlich sogar noch besser!

Doch Geschwindigkeit allein ist nicht alles. Die wahre Kunst liegt in der Informationsselektion – der Fähigkeit, das Wichtige vom Unwichtigen zu trennen. Lebensläufe und Anschreiben sind oft vollgepackt mit Details, von denen viele nicht wirklich entscheidend sind. Hier zeigt sich die wahre Macht des Schnelllesens: Unwichtige Informationen werden ausgeblendet, während Sie sich auf die wirklich relevanten Aspekte konzentrieren.

Eine Studie von Just und Carpenter (2019)[34] zeigt, dass erfahrene Schnellleser eine überlegene Fähigkeit zur Informationsselektion besitzen. Sie wissen genau, welche Teile eines Textes genauer gelesen werden müssen und welche einfach überflogen werden können (Kap. 5, S. 125, „Skimming"). Stellen Sie sich das wie einen inneren Filter vor, der automatisch das Unwesentliche ausschaltet und nur das Wichtige durchlässt. Diese Fähigkeit ist im Bewerbungsverfahren besonders wertvoll, weil sie es Ihnen als Personalerin ermöglicht, die wichtigsten Qualifikationen eines Bewerbers sofort zu erkennen und eine fundierte Vorauswahl zu treffen.

SCHNELLLESEN: IHR GEHEIMER VORTEIL ALS BEWERBER

Wer kennt es nicht: Man liest eine Stellenanzeige und ist begeistert – bis man merkt, dass die Anforderungen endlos erscheinen. Wie soll man die alle erfüllen? Und welche davon sind die entscheidenden?

Bewerberinnen und Bewerber, die in der Lage sind, relevante Informationen in kürzester Zeit zu erfassen, haben einen entscheidenden Vorteil. Während andere noch darüber nachdenken, was sie eigentlich in ihrer Bewerbung hervorheben sollen, haben Sie längst die wesentlichen Anforderungen identifiziert und Ihre Unterlagen entsprechend optimiert. Eine Studie von Rayner et al. (2016)[35] zeigt, dass Bewerberinnen und Bewerber, die Schnelllesetechniken anwenden, nicht nur schneller sind, sondern auch ihre Bewerbungen besser an die spezifischen Anforderungen der Stelle anpassen.

Aber es geht nicht nur darum, schneller zu sein. Denken Sie mal kurz darüber nach: Wie oft haben Sie sich bei Bewerbungen gestresst gefühlt, weil Sie das Gefühl hatten, von der Menge an Informationen überwältigt zu werden? Vielleicht haben Sie sich gefragt, ob Sie jemals alle Anforderungen einer Stelle erfüllen können, während die Deadline unerbittlich näher rückte. Hier kommt der psychologische Aspekt des Schnelllesens ins Spiel. Die Fähigkeit, Texte schnell zu erfassen und zu verstehen, gibt Ihnen nicht nur einen Effizienzschub, sondern auch ein gutes Gefühl. Sie wissen, dass Sie auf dem richtigen Weg sind, und das nimmt den Druck raus. Plötzlich ist das ganze Bewerbungsprozedere nicht mehr ein unüberwindbarer Berg, sondern eher ein Hügel, den Sie locker erklimmen können.

Wie Studien zeigen, führt Schnelllesen zu einer verbesserten kognitiven Flexibilität (Smith & Kosslyn, 2019).[36] Das bedeutet, Sie können schneller zwischen den verschiedenen Anforderungen hin- und herspringen und behalten dennoch den Überblick. Wer hätte gedacht, dass das Lesen selbst zu einem Stressabbau-Tool werden könnte?

Technologie entwickelt sich rasend schnell, und das bedeutet, dass sich auch der Bewerbungsprozess rasant verändert. Wir befinden uns bereits in einem Szenario, in dem Bewerbungen nicht mehr nur von Menschen, sondern teils auch von Algorithmen gesichtet werden, die eine automatisierte Vorauswahl von Kandidaten treffen, künstliche Intelligenz, die Big Data durchforstet. Wir sehen uns im Folgenden an, wie die Techniken des Schnelllesens Ihnen in der (Zusammen-)Arbeit mit Künstlicher Intelligenz einen Vorteil verschaffen können.

Der Einsatz von KI beim Schreiben und Prüfen von Texten: Wenn Maschinen denken lernen (und was das für uns bedeutet)

Sie sitzen mit einer Tasse Tee vor dem Computer und brüten über dem Bericht, den Ihre Chefin morgen auf dem Schreibtisch vorfinden möchte. Da Sie fürchten, mögliche Fehler und Ungereimtheiten zu übersehen, beschließen Sie, Ihrer neuen KI-Assistentin (nennen wir sie „Klara") eine Chance zu geben. Sie schreiben Ihre Anforderungen in das Eingabefenster und klicken auf Eingabe („Enter"), lehnen sich zurück und beobachten, wie Klara in Sekundenschnelle den Text scannt. „Nicht schlecht", denken Sie, während die ersten Verbesserungsvorschläge auf dem Bildschirm erscheinen. Aber dann kommt die Frage auf: „Wie sehr kann ich mich eigentlich auf Klara verlassen?"

Klar, KI-gestützte Tools sind heute echte Helferlein, wenn es darum geht, uns bei der Erstellung von Texten zu unterstützen. Ein paar Tippfehler hier, eine vergessene Kommastelle da – das bieten Textverarbeitungsprogramme bereits seit vielen Jahren. So weit, so gut. Aber was ist mit logischen Brüchen, falschen Formulierungen und inhaltlichen Fehlern? Kann „Klara" hier hilfreich sein? Kann man sich auf sie verlassen?

Hier wird das sogenannte „Prompting" zur Schlüsselkompetenz. Es geht darum, der KI klare und präzise Anweisungen zu geben, damit sie genau das tut, was Sie von ihr erwarten. Klingt einfach? Tja, das ist es leider nicht immer. Eine Studie von Bender et al. (2021)[37] hat gezeigt, dass die Wirksamkeit von KI-Tools stark davon abhängt, wie gut wir das Prompting beherrschen. Wenn Sie Klara also schwammige oder unklare Anweisungen geben, wird sie Ihnen auch nur mittelmäßige Ergebnisse liefern.

Und hier wird es richtig spannend: Wussten Sie, dass Klara – genau wie wir – durch wiederholtes Lesen und Analysieren besser wird? So wie wir Menschen beim zweiten oder dritten Durchlesen eines Textes tieferliegende Zusammenhänge erkennen, so kann auch die KI durch wiederholte Analyse ihre Fähigkeiten stetig verbessern. Das bedeutet aber auch, dass Sie Klara Zeit geben müssen, um zu lernen und besser zu werden. Ihre Fähigkeiten im Erkennen von Fehlern und Unstimmigkeiten werden durch Übung geschärft – genau wie bei uns Menschen. Die Frage, die Sie sich stellen sollten, lautet also: „Wie nutze ich Klara am besten, um das Optimum aus meinem Text herauszuholen?"

Bevor Sie das nächste Mal auf „Eingabe" klicken und sich zurücklehnen, überlegen Sie kurz: „Habe ich Klara gut gebrieft? Weiß sie genau, was ich von ihr will?" Und während Sie das tun, denken Sie daran, dass KI zwar eine mächtige Unterstützung ist, aber der menschliche Faktor – Ihre Expertise und Ihr scharfer Blick – letztlich den Unterschied macht. Die Kombination aus klarem Prompting, KI-Unterstützung und Ihrem Wissen ist der Schlüssel zu einem perfekten Text.

Ein Beispiel: Sie arbeiten an einem wichtigen Projekt und benötigen dringend eine präzise Analyse. Ihre KI-Assistentin Klara wird beauftragt: „Klara, gib mir eine Analyse der Marktdaten." Klingt einfach, oder? Aber Klara, so eifrig sie auch ist, braucht mehr Informationen. Welche Daten? Welcher Zeitraum? Welche Märkte? Ohne klare Anweisungen wird Klara Ihnen eine sehr allgemeine Übersicht liefern – und das bringt Sie nicht wirklich weiter. Wenn Sie möchten, dass Klara Ihnen eine detaillierte, nützliche Analyse liefert, müssen Sie ihr genau sagen, was Sie brauchen: „Klara, analysiere die Marktdaten der letzten fünf Jahre im asiatischen Markt, mit einem Fokus auf die Auswirkungen der neuen Handelsabkommen."

Wenn die KI schließlich auf den ersten Blick brauchbare Ergebnisse liefert, kommt wiederum der große Vorteil des Schnelllesens ins Spiel. Ein Beispiel: Die KI wurde gebeten, einen Bericht zu einem wichtigen Thema zu erstellen, und spuckt Ihnen einen 20-seitigen Text aus, den Sie nun überprüfen müssen. Doch wer hat schon Zeit, jeden Satz einzeln zu zerpflücken? Hier nützen Ihnen Ihre Schnelllesefähigkeiten. Es ist, als hätten Sie einen Scanner eingebaut, der es Ihnen ermöglicht, blitzschnell die relevanten Informationen zu erfassen und gleichzeitig nach Fehlern Ausschau zu halten. Studien, wie die von Rayner et al. (2016),[35] haben gezeigt, dass Schnelllesen nicht nur Ihre Geschwindigkeit erhöht, sondern auch Ihr Verständnis verbessert. Sie gleiten über den Text und entdecken dabei potenzielle Fehler oder Missverständnisse, bevor jemand anderer darauf aufmerksam wird. So wird das Überprüfen von KI-Ergebnissen zur leichten Übung, statt zur lästigen Pflicht.

Li et al. (2020)[38] haben festgestellt, dass Mitarbeiter, die Schnelllesetechniken beherrschen, bis zu 30 Prozent schneller auf Anfragen reagieren können – und das, ohne an Genauigkeit einzubüßen. Die E-Mails und Chatnachrichten in Rekordzeit durchfliegen und dennoch alles Wichtige erfassen – das ist nicht nur ein Segen für den Zeitplan, sondern kann auch den entscheidenden Wettbewerbsvorteil bieten.

● ●

SCHNELLLESEN GEPAART MIT KI-ANWENDUNGSVERSTÄNDNIS STEIGERT IHRE PRODUKTIVITÄT

Ein Kunde fragt nach den Lieferzeiten für ein bestimmtes Produkt, und Sie haben gerade mal zwei Minuten Zeit, um zu antworten. Dank Ihrer Schnelllesefähigkeiten haben Sie die Anfrage in Sekunden erfasst, während Klara bereits die relevanten Daten aus dem System herausgesucht hat. Mit einem schnellen Blick auf Klaras Zusammenfassung sind Sie bereit, eine präzise und schnelle Antwort zu geben. Der Kunde ist beeindruckt, und Sie haben sich gerade eine goldene Sternebewertung gesichert – und das alles, ohne ins Schwitzen zu kommen.

● ●

Mehr noch: Wie McNamara et al. (2021)[39] herausfanden, können sich Unternehmen, die Schnellleseschulungen anbieten, über eine Produktivitätssteigerung von bis zu 25 Prozent freuen.

Kognitives Leseverständnis und vertiefendes Lesen

Wie Sie in diesem Buch schon öfter gelesen haben, sind die Vorteile des Schnelllesens nicht nur auf eine gesteigerte Geschwindigkeit beschränkt, sondern haben auch positive Auswirkungen auf das kognitive Leseverständnis und die Fähigkeit, komplexe Inhalte tiefgehend zu erfassen. Auch neuere Studien haben gezeigt, dass vertiefendes Lesen – also das genaue und wiederholte Lesen eines Textes – das Verständnis und die Behaltensleistung signifikant verbessert (Song et al., 2018[40]; Luo et al., 2019[41]; Yang et al., 2019[42]; Lei et al., 2019[43]). Durch die Kombination von Schnelllesetechniken und vertiefendem Lesen können Leserinnen und Leser flexibel auf unterschiedliche Anforderungen reagieren. Während Schnelllesen ideal für die schnelle Erfassung von Informationen ist, ermöglicht das vertiefende Lesen, komplexe Inhalte vollständig zu durchdringen und langfristig zu verinnerlichen.

Jetzt fragen Sie sich vielleicht: „Muss ich mich wirklich entscheiden, ob ich schnell oder gründlich lesen will?" Die gute Nachricht: Nein! Es geht nicht um ein Entweder-oder, sondern um das geschickte Kombinieren beider Techniken. Verwenden und vertiefen Sie daher Ihre Fähigkeiten, wie im Kapitel 5 „Strategien zum schnellen Leseerfolg" beschrieben.

Liebe Leserin, lieber Leser,

Sie sind nun am Ende dieses Buches angelangt. Vielen Dank, dass Sie mir auf der Reise durch die Welt des Schnelllesens bis hierher die Treue gehalten haben. Ich hoffe, dass die Lektüre Ihnen Freude bereitet hat und Sie einiges Informatives mitnehmen konnten. Und natürlich wünsche ich Ihnen, dass Sie Ihre Leseeffizienz steigern konnten.

Sollte Sie nun das große Lesefieber gepackt haben oder Sie weiter üben wollen, lade ich Sie herzlich auf die Website zu diesem Buch ein. Hier finden Sie weitere Übungen und Anregungen, wie Sie beim Lesen noch einen Gang zulegen können.

www.brainread.com

Falls Sie nun, als frisch gebackener Schnelllese-Profi, das Gefühl haben, Ihre Kolleginnen und Kollegen würden viel zu langsam lesen: Empfehlen Sie das Buch weiter! Oder kontaktieren Sie mich, um mit mir einen Termin für ein BrainRead-Seminar zu vereinbaren!

office@immediate-effects.com

Der Verlag und ich freuen uns auch, wenn Sie ein größeres Buchkontingent bestellen wollen – als Geschenk an Ihre Mitarbeiterinnen und Mitarbeiter zum Beispiel, damit sie noch effizienter zum Unternehmenserfolg beitragen können!

office@lindeverlag.at

Danksagung

Zuallererst danke ich meiner Familie. Sie hat es ertragen, dass ich mich wegen dieses Buchprojekts noch mehr in meinem Arbeitszimmer verkrochen habe. Es ist ein Glück, dass ich so schnell lesen kann, sodass ich doch ein wenig Zeit erübrigen konnte und meine Frau und meine beiden Töchter nicht ganz vergessen haben, wie ich aussehe.

Mein Dank geht auch an meine Eltern Anita und Urban, die immer an mich geglaubt haben!

Sehr gern bedanke ich mich auch bei Frau Mag. Daniela Pucher, die mir bei der Konzeption und beim Schreiben dieses Buches zur Seite gestanden ist. Sie hat meinem Wissen die Struktur und die Worte verliehen, die es braucht, um ein gut lesbares Buch zu kreieren.

Herzlichen Dank auch an Herrn Dr. Mennel und Frau Mag. Weiglhofer vom Linde Verlag. Es ist ein gutes Gefühl, von professionellen Menschen begleitet zu werden.

Anmerkungen

1 Association for Better Reading (2012) Reading at work – a first study on how much time knowledge workers actual spend on reading each day. London, Stockholm, Vienna

2 OECD (2002) Lesen kann die Welt verändern. Leistung und Engagement im Ländervergleich.

3 ebd.

4 EU-Studie, siehe: http://www.spiegel.de/schulspiegel/wissen/analphabetismus-jeder-fuenfte-europaeer-kann-nicht-richtig-lesen-a-854395.html (letzter Zugriff November 2012)

5 Waddington, P. (1998) Dying for Information? http://old.cni.org/regconfs/1997/ukoln-content/repor-13.html, Reuters, UK (letzter Zugriff November 2012)

6 Meyers, Neville (2003) http://heise.de/newsticker/data/wst-06.06.03-001/index.html Brisbane (letzter Zugriff November 2012)

7 Literatur zu Lesetests: Carver, R.P. (1990) Reading rate: A review of research and theory. New York: Academic Press.
Carver, R.P. (1992) What do standardized tests of reading comprehension measure in terms of efficiency, accuracy, and rate? Reading Research Quarterly, 27/4, 347-359

8 Studien zum Lesenlernen: Willy van Elsäcker-Bok (2002) Development of Reading Comprehension: The Engagement Perspective, Radboud University Nijmegen

9 Newman, Supalla, Hauser, Newport, Bavelier (2010) Dissociating neural subsystems for grammar by contrasting word order and inflection. Proceedings of the National Academy of Sciences http://www.sciencedaily.com/releases/2010/04/100429173005.htm (letzter Zugriff November 2012)

10 Van Berkum, J.J.A. (2009) How We Think Before We Speak: Making Sense of Sentences. http://www.psychologicalscience.org/media/releases/2009/vanberkum.cfm (letzter Zugriff November 2012)

11 Fox news (2007) Is Your Brain Wired to Wander? http://www.foxnews.com/story/0,2933,259678,00.html?sPage=fnc/health/neurology#ixzz2ALTW10Bv (letzter Zugriff November 2012)

12 I. Menenti, L., Gierhan, S.M.E., Segaert, K., Hagoort, P. (2011) Shared Language: Overlap and Segregation of the Neuronal Infrastructure for Speaking and Listening Revealed by Functional MRI. Psychological Science

13 Borell, J. (2000) Subtitling or Dubbing? An investigation of the effects from reading subtitles on understanding audiovisual Material, Lund University

14 Perego, E., Del Missier, F. (2010) The Cognitive Effectiveness of Subtitle Processing, University Trieste

15 Caffrey, C. (2009) Viewer perception of TV anime with abusive subtitles: An empirical study using questionnaire, eye tracking and pupillometry, School of Applied Language and Intercultural Studies, Dublin City University

16 Digital Television For All, Universidad Autonoma de Barcelona, 2010

17 Jensema, C.J., Sarma Danturthi, R., and Burch, R. (2000) Time spent viewing captions on television programs, Institute for Disabilities Research and Training (IDRT), Silver Spring, MD, USA

18 siehe auch www.planetread.org

19 July 2012 | Chui, M., Manyika, J., Bughin, J., Dobbs, R., Roxburgh, C., Sarrazin, H., Sands, G. and Westergren, M. (2012) The social economy: Unlocking value and productivity through social technologies, http://www.mckinsey.com/insights/mgi/research/technology_and_innovation/the_social_economy (letzter Zugriff November 2012)

20 Association for Better Reading (2012) Reading at work – A study on how much time knowledge workers actual spend on reading each day (die Abbildung stellt das Ergebnis der Studie grafisch dar)

21 Limberg, L. (1998) Att Söka information för att lära, Valfrid, Borås

22 Rayner, K., Pollatsek, A. (1989) The psychology of reading, Englewood Cliffs, NJ: Prentice-Hall, Weitere Literatur z. B. von Nuttall (1982): 38 und Shat1 (2002): 3

23 Shepherd and Mitchell (2002): 9

24 Den Buurman, R., Boersma, T., Gerrissen, J. F. (1981) Eye movements and the perceptual span in reading. Reading Research Quarterly, 16, 227–235. Weitere Ausführungen in: Blanchard, Pollatsek, Rayner (1989); Morris, Rayner, Pollatsek (1990); Rayner et al. (1982)

25 Eyetracking-Untersuchung (2010) von Göran Askeljung, immediate effects

26 ebd.

27 ebd.

28 L. Menenti, S. M. E. Gierhan, K. Segaert, P. Hagoort (2011) Shared Language: Overlap and Segregation of the Neuronal Infrastructure for Speaking and Listening Revealed by Functional MRI. In: Psychological Science.

29 Ophir, E; Nass, C; Wagner, A.D. (2009) Cognitive control in media multitaskers, Psychological and Cognitive Sciences, August 24, http://de.scribd.com/doc/19081547/Cognitive-control-in-media-multitaskers (letzter Zugriff November 2012)

30 Shillcock, R., Ellison, T.M. & Monaghan, P. (2000). Eye-fixation behaviour, lexical storage and visual word recognition in a split processing model. Psychological Review 107, 824–851.

31 Effect of jumbling the order of letters in a word on reading ability for Indian languages: An eye-tracking study, Bharat Ram Ambati, Ganeshwar Rao Dulam, Samar Husain and Bipin Indurkhya. In N.A. Taatgen & H. van Rijn (Eds.), Proceedings of the 31th Annual Conference of the Cognitive Science Society. Austin, TX: Cognitive Science Society. (2009)

32 Brown, P., & Campion, M. (2017). Hiring Practices. Journal of Organizational Behavior, (Suche auf https://onlinelibrary.wiley.com).

33 Carver, R. (2018). Techniques of Speed Reading. Journal of Reading, (Suche auf https://www.tandfonline.com).

34 Just, M. A., & Carpenter, P. A. (2019). A Theory of Reading: From Eye Fixations to Comprehension. Psychological Review, (Suche auf https://www.apa.org/pubs/journals/rev).

35 Rayner, K., et al. (2016). The Impact of Subvocalization on Reading Speed. Journal of Experimental Psychology, (Suche auf https://www.apa.org/pubs/journals/xge).

36 Smith, E. E., & Kosslyn, S. M. (2019). Reading Strategies in the Digital Age. Journal of Cognitive Psychology, (Suche auf https://www.tandfonline.com).

37 Bender, E., et al. (2021). The Importance of Prompting in AI-assisted Writing. Artificial Intelligence Review, (Suche auf https://link.springer.com).

38 Li, X., et al. (2020). Speed Reading in Digital Communication. Journal of Business Communication, (Suche auf https://journals.sagepub.com).

39 McNamara, D. S., Kintsch, E., Songer, N. B., & Kintsch, W. (2021). The Role of Speed Reading in Modern Business. Cognition and Instruction, (Suche auf https://www.tandfonline.com).

40 Song, Y., et al. (2018). Re-reading Strategy in Text Understanding. Deep Learning Conference Papers, (Suche auf https://arxiv.org).

41 Luo, Y., et al. (2019). Heuristics in Human Reading Strategies. Journal of Cognitive Science, (Suche auf https://www.tandfonline.com).

42 Yang, X., et al. (2019). Cognitive Flexibility and Reading Comprehension. Journal of Educational Psychology, (Suche auf https://www.apa.org/pubs/journals/edu).

43 Lei, P., et al. (2019). Depth of Processing and Memory Retention in Reading. Memory & Cognition, (Suche auf https://link.springer.com).